Machismo

eldiario.es libros

Machismo

8 pasos para quitártelo de encima

Barbijaputa

eldiario.es **libros**

Rocaeditorial

© Barbijaputa, 2017

Primera edición: febrero de 2017

© de esta edición: Roca Editorial de Libros, S. L.
Av. Marquès de l'Argentera 17, pral.
08003 Barcelona
actualidad@rocaeditorial.com
www.rocalibros.com

www.eldiario.es

Impreso por LIBERDÚPLEX, S.L.U.
Crta. BV-2249, km 7,4, Pol. Ind. Torrentfondo
Sant Llorenç d'Hortons (Barcelona)

ISBN: 978-84-16700-49-3
Depósito legal: B-25.677-2016
Código IBIC: WH; JFFK

RE00493

Índice

Introducción

Se han escrito miles de libros de autoayuda para superar adicciones de todo tipo, para mejorar incontables aspectos de nuestra vida, para poder dejar de fumar, para comer sano... El catálogo disponible va desde el *12 pasos, 12 tradiciones* para dejar de beber, de Alcohólicos Anónimos, hasta un *Manual para no morir de amor* (no me preguntes qué tal, no he leído ninguno de los dos).

Se escriben libros de autoayuda a un ritmo vertiginoso, pero siempre para deshacerse de actitudes, hábitos o creencias que son perjudiciales solo para la persona que los leerá, por eso lo de «auto», claro. Como toda sociedad cada vez más individualista, estamos centrados en el yo, yo, yo. Pero ¿qué hay de aquellos comportamientos y hábitos propios que no solo joden al «yo» sino también a la sociedad en su conjunto?

Ese es el motivo de esta guía para acabar con nuestra parte machista, ya que cuando acabas con ella no solo te beneficias tú, sino la sociedad en general y tu entorno en particular.

Tuve mis dudas antes de escribir este libro porque lo cierto es que, teniendo en cuenta que nadie se considera machista, sería raro ver comprando algo con este título *motu proprio* a un montón de gente para sí misma. Porque con el machismo pasa algo muy curioso: vivimos en una sociedad machista pero absolutamente nadie se reconoce como tal. Y donde digo «curioso» quiero decir que es mentira. Así que, quizás, la forma más lógica de acabar con este libro entre tus manos sea la opción «regalo-indirecta». Es decir, tú no te reconoces como machista, pero ya habrá alguien que lo piense por ti y te haga llegar este manual. No te lo tomes como un ataque, no es raro ser machista, más bien es imposible no serlo.

Lo que sí tenía claro es que quería dirigirme a hombres. Y así está escrito, para ellos. Son los que han sacado tajada históricamente y son los que tienen que sentarse a escucharnos ya.

Así que si eres hombre, este, más que un libro de autoayuda, podríamos llamarlo «libro de autoputeo», porque aunque al final te beneficiarás del feminismo, al principio no harás más que revisar y desprenderte de tus privilegios por el camino —si consigues llegar hasta el final— (¿de qué privilegios me está hablando esta mujer?, puede que te preguntes. Tranquilo, lo explicamos más adelante).

Pero, a la vez que avanzas y te empapas de esta y otras lecturas feministas, estarás contribuyendo a una sociedad más justa. Si cierras este libro ahora, estarás siendo una persona horrible, porque ¿qué ser con corazón cierra un libro donde te advierten de que vas a contribuir al bienestar social?

Pero no te asustes, aquí solo te vamos a dar las claves para que abraces el feminismo (¡la palabra maldita!) de una forma lo menos dolorosa posible. Son ocho pasos nada fáciles, puede que lances el libro contra una pared en algún momento, que no quieras seguir leyendo, que te rías muy fuerte o que vayas a

Twitter a preguntarme si me he vuelto completamente loca. Pero te aseguro que si lo empiezas y lo acabas con la mente abierta y sin dar nada de lo ya aprendido por cierto, vas a caerte mejor a ti mismo (y a tu entorno) cuando lo hayas acabado.

Si eres mujer, todo será más fácil. Al fin y al cabo, tomar conciencia feminista solo puede repercutir en beneficios para ti, ya que el feminismo busca la libertad y la igualdad que a día de hoy no tenemos. Si ya sientes que tienes conciencia feminista, ¡te vas a ver reflejada a menudo por el camino!

En resumen, teniendo en cuenta que el machismo beneficia a los hombres y somete a las mujeres, he decidido que este libro lo escribiré dirigiéndome y criticándolos a ellos. No obstante, también mencionaremos a lo largo del texto qué actitudes y hábitos solemos tener nosotras que favorecen el machismo sin que seamos conscientes de ello, y cómo, con pequeños gestos, nosotras mismas fomentamos el sistema, no solo perpetuándolo sino también fortaleciéndolo.

Lo que intenta esta guía es acabar con nuestro machismo. Matarlo. Y teniendo siempre presente que es un bicho que nunca muere del todo, que es como el monstruo de las pelis malas que, cuando piensas que ya está muerto y bien muerto, se revuelve y te pega el susto.

Como en cualquier muerte, también en la de tu propio machismo, se pasa inevitablemente por unas fases de duelo: al fin y al cabo es un trozo de ti que se va para no volver. Porque si una cosa es cierta es que, cuando eres consciente de que el machismo está dentro de ti y también a tu alrededor, ya no hay vuelta atrás. No querrás volver al principio ni volver a ponerte la venda que te ahorraba todos los sofocones que te vas a pillar de ahora en adelante.

No me enrollo más, que durante todo este tiempo que estamos hablando el monstruo sigue vivo. ¡Matémoslo!

Paso 1

Fase: sorpresa

«¡¿Yo, machista?!»

¡Es por el patriarcado!

*L*a primera fase del duelo es la de la sorpresa.

Has de pasar por ella sí o sí. Así que si todavía nadie te ha llamado machista (cosa que no me sorprendería tampoco), te lo voy a llamar yo: eres machista.

¡Alto! No pasa nada. Ser machista, como decíamos, es la norma. Porque aunque no nacemos siéndolo —al igual que tampoco nacemos siendo racistas—, crecer en una sociedad patriarcal te va inoculando mensajes desde todos los frentes (colegio, familia, publicidad, etcétera) que vas dando por ciertos e irrefutables, y sobre los que construyes todo lo demás. Una sociedad patriarcal significa, sencillamente, que gira en torno al hombre, el cual posee poder sobre las mujeres (quizás ahora esto no lo veas claro, pero para eso estamos tú y yo aquí, para que acabes mirándolo desde este otro lado).

Si miramos atrás en la historia, es indudable que la mujer siempre ha sido una posesión del hombre. Las mujeres se heredaban igual que se heredaban los terrenos y las casas: pasaban de las manos de unos hombres (padres) a las manos de otros hombres (maridos). De hecho, hay sociedades a día de hoy donde esto sigue siendo así. La mujer, entre otras cosas, era vista como una mera posesión, una moneda de cambio de los hombres.

Decía Carole Pateman (1940), política y feminista inglesa: «La construcción patriarcal de la diferencia entre la masculinidad y la feminidad es la diferencia política entre la libertad y el sometimiento».

Tan poca consideración han merecido las mujeres que hasta las primeras leyes contra la violación no fueron ideadas para protegerlas a ellas sino para preservar el honor y la paz de sus padres y maridos, y por supuesto no a cualquier padre o marido, sino a los más privilegiados, como bien recuerda Angela Davis (1944), política marxista y una de las feministas afroamericanas más relevantes del mundo, en su libro *Mujeres, raza y clase:*

> En Estados Unidos y en otros países capitalistas, las leyes contra la violación fueron originalmente formuladas para proteger a los hombres de las clases altas frente a las agresiones que podían sufrir sus hijas y esposas. Habitualmente, los tribunales han prestado poca atención a lo que pudiera ocurrirles a las mujeres de clase trabajadora, y por consiguiente, el número de hombres blancos procesados por violencia sexual infligida a estas mujeres es extraordinariamente reducido.

Viniendo de donde venimos, no es difícil aceptar que aún quedan vestigios (unas veces asesinos y otras solo sutiles) en el presente. Hemos avanzado, sí, pero es que ya entonces pensaban que habían avanzado con respecto a su propio presente. A toro pasado es fácil ver la barbarie que ya no sufrimos, pero, a la vez, es muy complicado ver la que vivimos en nuestro día a día, porque la hemos normalizado. ¿O acaso alguien cree que aquellos que daban a sus hijas como intercambio se percibían a sí mismos como los misóginos que eran? Obviamente no. ¿O que la gran mayoría de aquellas mujeres estaban horrorizadas porque ya desde niñas estaban predestinadas a un futuro de sumisión? Tampoco, claro. Y eso es, precisamente, lo que ocurre a día de hoy con nuestra sociedad: no es consciente de que es machista, simplemente porque está imbuida de la normalización de lo que nunca debió normalizarse.

Comparar el presente con tiempos pasados para restarle importancia a la desigualdad de género es una forma de apretarnos la venda que nos obstaculiza el camino a la liberación. Porque estar mejor no es estar bien. A su vez, hacer ver que el problema ya se solucionó, o que lo que nos queda es un reducto sin demasiada importancia, perpetúa la desigualdad que aún sufrimos.

No es raro encontrarse con afirmaciones como: «En Irán sí que están mal y no vosotras» o «Las feministas de antes sí que luchaban por cosas importantes como el voto, y no como vosotras, que vais contra los piropos».

Que las mujeres de otros países u otras décadas se encuentren o encontraran en situaciones más lamentables no quita que las reclamaciones del feminismo de nuestra sociedad pierdan su sentido. Más aún cuando nos siguen matando y violando solo porque somos mujeres. Si cada siete horas violan a una mujer en España, si asesinan a una media de setenta mujeres y 400.000 son maltratadas al año, es precisamente porque seguimos siendo percibidas como objetos. Que en otros países las cifras aumenten no resta crédito a nuestro activismo feminista; al revés, deja constancia de que no solo no debemos relajarnos sino de que tenemos que pelear cada vez con más fuerza.

EL PIROPO Y LA BELLEZA

Pero empecemos por algo aparentemente inocuo. El piropo, por ejemplo, a ojos de muchos puede que no sea más que un halago hacia una mujer, pero lo cierto es que va mucho más allá.

El piropo es la representación perfecta, aunque a pequeña escala, de lo que supone vivir en un mundo patriarcal: el hombre se ve con el derecho de evaluar a una mujer por su físico. Se cosifica y se sexualiza a la mujer diariamente, con todo lo que ello conlleva: se las sigue percibiendo como «algo» que existe para el consumo y disfrute del hombre, el cual posee la potestad para interrumpirla en lo que esté haciendo (paseando, trabajando, hablando...) y emitir un juicio que nadie le ha pedido. La necesidad y autoridad que cree tener el hombre de mostrar su parecer sobre un «cuerpo» y de hacerle saber a ese «cuerpo» lo que él considera, sin tener en cuenta lo que eso pueda suponer para la mujer, no es más que la prepotencia que siente sobre ella.

Ella puede sentirse agraviada, puede sentirse insultada, asqueada, sexualizada..., pero todo eso da igual, porque la autoridad que sienten sobre ese «cuerpo» es tal que el cómo pueda sentirse la dueña es completamente secundario para ellos. Lanzar un piropo a una mujer no es más que una muestra de poder y de control. Decía Naomi Wolf (1962), escritora estadounidense:

> La ideología de la belleza es el último baluarte de las viejas ideologías femeninas, y tiene el poder de controlar a mujeres que, de otra manera, se hubieran hecho incontrolables.

Tú, como hombre, puedes piropear a una mujer, no así nosotras. El piropo en el sentido inverso es mínimo, difícil de encontrar en la calle y, cuando sucede, queda «raro», «violento». Y si las mujeres no os piropeamos es porque nosotras no sentimos que los hombres sean solo cuerpos puestos en el espacio público para que nosotras los puntuemos. Sencillamente no nos han educado para pensar que nuestra opinión sobre algo tan superficial como la imagen prevalece sobre cómo podamos hacer que se sienta él.

Ni que decir tiene que al hombre, en la sociedad, no se le sexualiza ni se le cosifica de la misma forma que a nosotras, por lo que, de darse el caso de que una mujer piropeara a un hombre, no estaríamos hablando de lo mismo, ya que no tiene las mismas consecuencias. Gracias a que esta sociedad no considera «cosas» a los hombres, sus mujeres no los acaban matando. Porque sí, hay una relación directa entre la visión de los hombres sobre las mujeres como un «algo» y el hecho de que muchos acaben violándolas y matándolas.

También es cierto que, dependiendo de qué educación hayas recibido y en qué ambientes hayas crecido, podrás ser más o menos machista. Pero machista eres, básicamente, porque no serlo es imposible. Tendrías que haberte criado en una burbuja, rodeado de mujeres (y no cualesquiera, sino mujeres con una profunda conciencia feminista), para no serlo. Especifico esto porque una razón que usan a menudo muchos machistas para justificar que no lo son es la de «¿Cómo voy a ser machista si he crecido entre mujeres?».

Tendrás muchas preguntas, y pondrás infinidad de excusas como esa a lo largo de esta lectura, pero donde tú vas a estar ya han estado otros. Y como a lo largo de estos años escribiendo sobre feminismo he recibido miles y miles de cuestiones, negaciones y excusas (más o menos airadas), voy a adelantarme a ti e ir planteándolas y contestándolas a su vez. También citaré a otras muchas feministas, ya que una de las excusas más socorridas del machista es la de «Lo tuyo no es feminismo, lo de [inserte aquí nombre de feminista del siglo pasado] sí que era feminismo».

Feminismos hay muchos, pero las bases son siempre las mismas: la liberación de la mujer y la igualdad de género. Se puede defender de muchas formas, se puede explicar de muchas otras, pero cuando una feminista te exponga algo y tu primera reacción quiera ser algo como «Lo tuyo no es feminismo» ten en cuenta dos cosas: primera, que ella sabe mejor que tú si es o no feminista. Segunda, no vas a aportarle nada con ese comentario y además te vas a meter tú solito en el saco de los Machirulos Quitacarné Feminista.

Así que citaremos a muchas de ellas para que te formes tu propia opinión teniéndolas en cuenta a todas.

Debes entender que toda feminista está más o menos harta de debatir con hombres que acaban de llegar a la lucha contra el sistema patriarcal: sistema del que sacas provecho gracias a que las mujeres pierden derechos. Unas serán pedagógicas y tendrán paciencia, pero muchas otras se reirán de ti y de tus excusas, que habrán oído, al igual que yo, miles de veces. Otras, directamente, te ignorarán. Yo misma puedo adoptar los tres roles en un solo día, dependiendo de mi humor, y como yo, todas las demás.

Muchos de tus congéneres se quejan de que no tenemos paciencia, de que somos agresivas y estamos a la gresca. Es el mismo discurso que tenían (y aún muchos tienen) los blancos con los negros cuando estos luchaban por la abolición del racismo y la liberación de la comunidad negra. Al parecer, los privilegiados tienen en común que consideran a las personas oprimidas demasiado agresivas, o por llamarlo por su nombre: carecen de empatía porque no están en sus zapatos.

¿Por qué se llama «feminismo»?

Cuando se aborda el feminismo por primera vez, las preguntas típicas de muchos hombres que acaban de aterrizar son por ejemplo:

–¿Por qué el movimiento que busca la igualdad se llama feminismo?

–¿Es que no podíais haber elegido una palabra más igualitaria?

–¿No es acaso una declaración de intenciones que la lucha por la igualdad de derechos lleve un nombre que ya de entrada parece favoreceros a vosotras?

Bueno, lo cierto es que el primero en usar la palabra «feminista» para referirse a las mujeres que luchaban para que sus derechos fueran iguales a los de los hombres fue, precisamente, un hombre. El escritor Alejandro Dumas (hijo, para ser exactos), allá por el siglo XIX. Lo hizo para mofarse de ellas, por supuesto, y de los hombres que las apoyaban.

Unos años después, en 1881, Hubertine Auclert, sufragista, se reapropió del término. Nada mejor que reapropiarse de palabras que se usan con la intención de ofenderte para que dejen de considerarse un insulto. El lenguaje es muy importante en general y en esta lucha en particular; más adelante veremos cómo, por qué y cuánto lo es. Decía la escritora y psicóloga Victoria Sau: «El lenguaje, la palabra, es una forma más de poder, una de las muchas que nos ha estado prohibida».

A día de hoy el término «feminista» se sigue usando porque define perfectamente la lucha. Lleva la raíz «fémina», sí, pero ¿cómo habría de llamarse entonces si lo que pretende este movimiento es la liberación de las féminas?

Es curioso cómo muchos hombres apelan a la necesidad de cambiarle el nombre y de llamarlo «humanismo» o «igualitarismo», sin tener en cuenta que esos movimientos ya existen, y que cada uno tiene sus propias teorías. Teorías que en ningún caso tienen en cuenta la opresión de la mujer. Esa necesidad de la que hablamos, de cuestionar la etimología de las palabras y el porqué de su elección (cuando ellos han vivido durante siglos dominando el lenguaje y sin plantearse siquiera, por ejemplo, por qué el plural genérico es siempre masculino), no es más que miedo a perder el debate y a tener que reconocer que sí, que más allá de débiles excusas y falacias, tienen privilegios.

Bueno, está claro que no fuimos nosotras las que acuñamos el término, así que, intencionalidad, ninguna. Las mujeres en el siglo XIX estaban demasiado ocupadas en sus roles de mujer, esposa, madre, cuidadora y, además, luchadora en la calle por sus derechos como para ponerse a pensar en nombres con oscuras intenciones.

Virginia Woolf (1882-1941), escritora y feminista, habló en *Una habitación propia* sobre el tiempo del que (no) disponían las mujeres para hacer cualquier cosa como, por ejemplo, escribir:

> Una mujer que escribía tenía que hacerlo en la sala de estar común. Y, como lamentó con tanta vehemencia Miss Nightingale, «las mujeres nunca disponían de media hora [...] que pudieran llamar suya». Siempre las interrumpían. De todos modos, debió de ser más fácil escribir prosa o nove-

las en tales condiciones que poemas o una obra de teatro. Requiere menos concentración. Jane Austen escribió así hasta el final de sus días. «Que pudiera realizar todo esto —escribe su sobrino en sus memorias— es sorprendente, pues no contaba con un despacho propio donde retirarse y la mayor parte de su trabajo debió de hacerlo en la sala de estar común, expuesta a toda clase de interrupciones. Siempre tuvo buen cuidado de que no sospecharan sus ocupaciones los criados, ni las visitas, ni nadie ajeno a su círculo familiar.» Jane Austen escondía sus manuscritos o los cubría con un secante.

Cobra sentido entonces la teoría de la misma Virginia Woolf: «Yo me aventuraría a pensar que Anon (anónimo), quien escribiera tantos poemas sin firmarlos, fue a menudo una mujer».

Las cosas no han cambiado demasiado en este sentido. Si ya por el siglo XIX no disponían de tiempo ni espacio propio ni para ponerse escribir (y de tenerlo tenían que esconderse para no ser juzgadas, ya que no era una tarea bien vista para una mujer) y teniendo en cuenta que en aquella época las mujeres no podían acceder al mercado laboral, imagina ahora, que las mujeres no solo trabajan dentro de casa sino, además, fuera.

La salida de las mujeres al mundo laboral supuso un gran avance en cuanto a independencia económica con respecto a las que no tuvieron tanta suerte, eso es cierto, pero en el plano práctico, trabajar fuera solo ha supuesto que sus cargas y responsabilidades sean mayores, ya que no por trabajar fuera de casa dejan de trabajar dentro de ella.

Pero volvamos al término «feminismo». Sabemos ya que ninguna mujer —con ánimo de que fuéramos nosotras quienes domináramos el mundo— lo acuñó. Y sabemos ya que, incluso la Real Academia Española

(RAE), nada sospechosa de ser feminista, acepta que su significado es: «Ideología que defiende que las mujeres deben tener los mismos derechos que los hombres».

LAS «FEMINAZIS»

Supongo que todo lo anterior contesta de sobra la primera pregunta, así que sigamos entonces con la frase que todo machista suele decir ir a continuación: «Bueno, quizás las feministas buscan la igualdad, pero luego están las "feminazis". Esas son el problema: flaco favor le hacen al feminismo».

Yo misma creí en algún momento en la existencia de las feminazis, aunque no conociera a ninguna. Incluso lo creí cuando alguien me lo llamaba a mí por algún comentario que hiciera, pensando que me había comportado como una. La existencia de las feminazis parecía estar fuera de todo debate y la duda era, más bien, ¿quién era o no una feminazi?

El término nació en los años setenta y, cómo no, también de la mano de un hombre, en este caso de un locutor de radio estadounidense llamado Rush Limbaugh que, como buen republicano y conservador, no estaba a favor de que las mujeres decidieran sobre su propio cuerpo. Así que inventó este término mezclando «feminista» y «nazi», comparando así el aborto con el holocausto nazi.

A lo largo de la historia del feminismo, son quienes han estado siempre en el poder (hombres) los que han ido teniendo voz e influencia en la opinión pública acerca de todo, y también acerca del feminismo. Fueron ellos quienes nombraron nuestra lucha, ellos quienes pusieron palos en sus ruedas para que cada avance supusiera una tarea titánica y, también ellos, quienes crearon y crean insultos para mofarse tanto de lo conseguido como de lo que aún estaba y está por conseguir.

Y digo «está» porque lamentablemente esto de crear términos para boicotear la lucha desde el lenguaje sigue vigente, además de continuar en paralelo en muchos otros campos.

Pero ¿qué es realmente una feminazi?

¿Es una feminazi una feminista que, mientras peleaba por su liberación, se vino arriba y dijo de pronto: ¡Qué coño la igualdad, mucho mejor la supremacía de la mujer!?

¿Existe un sistema como el patriarcal, el nuestro, que respalde todo un engranaje que funciona para el interés de la mujer? Obviamente no, no existe. No existe en España ni en ningún lugar del mundo.

En realidad, cuando se usa el término «feminazi» contra una feminista, no se está pensando en que esta pretende que reine la dominación femenina en el mundo, más bien se usa contra aquella mujer feminista que, a ojos del que la insulta, se está pasando de la raya en sus formas o en sus proclamas.

Las preguntas pertinentes aquí son: ¿Quién traza esa línea? ¿Quién determina cuáles son los métodos y fórmulas que debe llevar a cabo un movimiento que aboga por la liberación de un colectivo o sector? ¿Los que integran el sector afectado o los que se benefician de la opresión de dicho sector? ¿Deben las feministas mantener el tono y las formas típicamente femeninas en esta lucha: sumisión, delicadeza, suavidad…, para que no se las tache de feminazis? ¿Qué habría sido de las sufragistas londinenses si, en vez de poner explosivos en buzones y salir en tropel a tomar las calles, hubieran pedido por favor su derecho al voto? Lo que de hecho pasó:

nada, porque precisamente por ahí empezaron: pidiéndolo por favor, y nadie las tuvo en cuenta.

Así que no, no luchamos con más vehemencia para tener poder sobre los hombres, lo hacemos así porque de otra forma nunca somos escuchadas.

«Lo que todavía nos falta a las mujeres aprender es que nadie te da poder. Simplemente lo tienes que tomar tú», dijo la actriz estadounidense Roseanne Barr (1952), y no creo que nadie pueda argumentar en contra en este sentido. Esta frase se entiende, mucho mejor al parecer, en la lucha de clases.

Es curioso cómo los machistas de izquierdas, para estigmatizar el feminismo, acaban reproduciendo argumentos paralelos a los que conservadores y liberales (a quienes tanto dicen aborrecer) usan cuando intentan denostar la lucha obrera: «No son formas», «Venga, sí, quemad un contenedor, que vais a llevar más razón así», «Sois unos radicales», «Lo que queréis es no tener que esforzaros y conseguir así cosas por la cara», «Sois unos victimistas, en Bangladés sí que están mal y no vosotros», «Sois unos envidiosos», etcétera. Esto, llevado a la boca de los machistas de izquierdas, se traduce en: «Sois demasiado agresivas», «Sois unas radicales», «Sois unas victimistas, en Irán sí que están oprimidas», «Sois unas revanchistas», etcétera.

Si resumimos, las sufragistas que lucharon durante la primera ola feminista en el siglo XIX (hay tres olas, las iremos viendo a lo largo del libro) tuvieron que lidiar con lo que intentaba ser un término peyorativo: «feministas». Entonces decidieron reapropiárselo hasta que fue completamente suyo.

Más tarde, durante la segunda ola (años sesenta y setenta), fueron acusadas, con el «feminazi», de poco menos que de haber montado su propio holocausto. Ahora, en pleno siglo XXI, y con el auge que vive de nuevo el feminismo —gracias en parte a movimientos como el 15M y también a tecnologías que logran difundir el mensaje, como Internet—, «feminazi» empieza a quedarse anticuado y el machismo necesita nuevos términos. Muchas feministas (yo misma) nos hemos reapropiado del famoso «feminazi», por lo que al machirulado ya no le sirve para intentar ofendernos. Es por eso, quizás, que ya van por la siguiente hornada de términos que intentan desprestigiar la lucha feminista. Ahora, una nueva palabra sacada del sombrero de otro hombre en 2005, «hembrismo», está en boca de repente de un montón de gente en 2016.

De alguna forma, se consigue siempre estigmatizar a las feministas por parte de los hombres (y de algunas mujeres, aunque no tan culpables como ellos, luego veremos por qué), acusándolas de la elección de un término que no eligieron y hasta de proclamar algo que nunca salió de sus bocas. Porque es obvio que, como dijo Mary Wollstonecraft (1759-1797): «No deseo que las mujeres tengan poder sobre los hombres, sino sobre sí mismas».

Fase: negación

«No puedo ser machista,
a quien más quiero es a mi madre.»

*T*ras la fase de sorpresa, viene la negación automática.

Frases como «¿Machista yo? Si a quien más quiero es a mi madre» o «¿Qué voy a ser yo machista si tengo cinco hermanas?» son el pan nuestro de cada día. Estas frases que toda feminista ha escuchado cientos de veces solo demuestran que el emisor no ha entendido nada.

El machismo nada tiene que ver con la capacidad de sentir amor, sino con la certeza de creerse superior. Pongamos un ejemplo gráfico: si te regalan un perro probablemente lo vas a terminar queriendo muchísimo, pero eso no significa que lo consideres un igual. La mayoría de las personas tiene con su animal de compañía una relación de poder, donde el humano decide, por ejemplo, qué y cuándo come el animal, y desarrolla por él sentimientos condescendientes como el de querer protegerlo y cuidarlo. También desarrollará amor, no hay duda, y por eso es fácil ver así cómo es posible amar sin considerar al otro elemento de la relación como igual a ti. Esa visión del otro como algo inferior nos lleva a la prepotencia sobre ese otro. Prepotencia que, en el caso de las mujeres, los hombres luego manifiestan de formas más o menos sutiles porque, a diferencia de los animales, las mujeres no somos domesticables.

Y esa prepotencia es también la que lleva a muchos

hombres a revolverse contra el discurso feminista, ya que este está en boca de mujeres. Por eso es muy común que al señalarle a un hombre que ha tenido una actitud machista «Eres machista», te responda: «Tú es que ves machismo en todas partes».

POR QUÉ VEMOS MACHISMO «EN TODAS PARTES»

Bien, sobre esta frase has de saber que cualquier feminista se la tomará probablemente como un halago, porque aunque intenta ser una ridiculización, es la realidad. Pero es que nuestro trabajo nos ha costado lograr identificar cada acto, actitud y situación de discriminación, cosificación o sexualización de la mujer, como para que nos siente mal cuando nos reconocen el mérito.

Lo que sí entristece, o más bien cabrea, es saber que quien emite este tipo de afirmaciones no es consciente de que el ciego es él, y de que si vivimos en un mundo machista, lo lógico es que haya evidencias por todas partes.

Al llegar al feminismo, es normal ver solo la punta del iceberg, y ser conscientes de que sí, de que nos maltratan y nos matan por ser mujeres y que por eso se llama «violencia machista», pero no es tan fácil relacionarlo con todo lo demás, entre otras cosas porque pocas lo señalan, no es nada fácil encontrar análisis feministas en los *mass media* ni tampoco en colegios o institutos.

Pero lo cierto es que para que haya hombres que acaben asesinando a su pareja tiene que haber, por lógica, toda una estructura social que normalice la parte enorme que no vemos del iceberg, porque los feminicidios son solo esa punta que queda a la vista. Y al ser lo único visible, es lo único que no está normalizado:

cuando la violencia es tal que las mujeres acaban en el hospital o muertas. Todo lo anterior para que eso suceda es el famoso «Ves machismo en todas partes».

Así que, ¿qué hay bajo la punta visible de ese iceberg? ¿Qué hay bajo la violencia física y asesinatos de mujeres? ¿Qué hay bajo esas cientos de miles (que se atreven a denunciar) mujeres maltratadas por año y esas setenta asesinadas? Porque estamos de acuerdo en que tal cantidad de odio hacia nosotras no puede salir de la nada o explicarse de otra forma que no sea el machismo; al fin y al cabo, lo que todas esas mujeres tienen en común es precisamente que son mujeres.

El iceberg de las violencias

Pues bien, para empezar, la violencia contra las mujeres no solo es física. Hay multitud de formas de violencia.

Bajo la violencia física de la punta del iceberg está, visible y justo a ras de la superficie, la violencia psicológica. Y es visible ahora gracias a que el feminismo ha rebajado el nivel de las aguas, denunciándola y poniéndola sobre la mesa en infinidad de ocasiones.

Parece que ahora es más fácil que hace una década identificar cuándo un hombre está maltratando psicológicamente a una mujer. Sin embargo, lo sabemos sin ninguna duda solo cuando se trata de insultos y humillaciones muy obvias. Pero la violencia psicológica va mucho más allá; es cualquier acto que dañe la estabilidad psicológica de alguien más allá de insultos y humillaciones; es decir, descuido reiterado, devaluación, marginación, infidelidad, rechazo…, y no solo actos, sino también la omisión de los mismos, como el silencio, la indiferencia o el abandono.

También está la violencia institucional, muchísimo más abajo de la superficie del mar, casi imperceptible.

Marcela Lagarde (1948), una de las más destacadas feministas de Latinoamérica, dice: «Si el Estado tuviera perspectiva de género, si fuera entonces más democrático, no habría tolerancia social a la violencia hacia las mujeres y por lo tanto al feminicidio».

Porque lo cierto es que, como otras esferas de poder, también el Estado es misógino, y como consecuencia, el sistema en sí mismo genera violencia contra la mujer.

La (no) perspectiva de género

Para hacerlo más gráfico, podemos poner algunos ejemplos reales de cómo y cuánto pueden las instituciones olvidar, abandonar y dañar a las mujeres.

En abril de 2016 detuvieron a un hombre por acosar a una menor. Hasta aquí, como titular, puede parecer que el sistema protege a las más vulnerables. Lo que pasó realmente es justo lo contrario: la menor llevaba tres años siendo acosada por el mismo hombre. El acosador se desviaba cada mañana de su camino al trabajo para encontrarla en su camino al instituto, entonces le gritaba, la molestaba e incluso llegó a zarandearla para que ella atendiera sus peticiones de atención. La menor acabó pidiendo ayuda a su padre y a sus hermanos, quienes durante el último año de acoso tuvieron que acompañarla en el trayecto hasta el instituto. Porque es lo que nos han enseñado: solo otra presencia masculina puede parar a un hombre.

¿Cómo abandonaron entonces las instituciones a la menor y generaron que este acoso se eternizara durante años? Porque desde un inicio ella había denunciado al acosador sin que la denuncia llegara a ninguna parte. Esto es lo que sucede cuando, desde las instituciones, no se aplica una perspectiva de género a cada caso. Como tampoco se aplicó cuando la joven acudió a su médico con un cuadro de ansiedad. No se aplicó ningún protocolo con perspectiva de género porque no existe tal protocolo. Así que en el hospital se ciñeron a medicar con ansiolíticos a la chica, sin más análisis ni preguntas, sin derivar el caso a la Policía. La medicaron para paliar la ansiedad, ansiedad que no pararía porque no se estaba yendo al foco de la misma. (Más adelante hablaremos de la sobremedicación a la que se somete a las mujeres).

Tanto la Justicia como la Sanidad permitieron y fomentaron que el acoso del hombre siguiera durante tres años, y no cesó hasta que uno de los hermanos de la menor llamó a la Policía una mañana en la que el acosador la cogió del brazo para obligarla a que aceptara una carta que le había escrito. Incluso con la Policía presente, el hombre insistió en su propósito. Solo así se prestó atención al calvario que sufrió durante años la chica. Tuvo que ser otro hombre el que llamara a la Policía y que esta presenciara lo que ocurría.

Otro caso. Junio de 2016.

Una mujer es asesinada por su pareja y él es detenido. ¿Cómo fallaron aquí las instituciones? La víctima había acudido solo cuatro horas antes al cuartel de la Guardia Civil para pedir ayuda, una ayuda que no le fue prestada. Contra la violencia de género sí hay un protocolo, pero de poco sirve si los que tienen que aplicarlo no saben hacerlo, no quieren o no le dan importancia. Si pones a un machista sin ninguna formación feminista a atender a mujeres amenazadas por sus parejas, y además le das vía libre para que valore personalmente el riesgo de cada denunciante, lo que puede pasar es lo que pasó en aquella ocasión (y no solo en aquella). Este es el peligro de que quienes componen nuestras instituciones no estén formados ni tengan perspectiva de género.

Otro caso más. Mayo 2015.

Isabel, de 63 años, es ingresada en Urgencias con un traumatismo craneoencefálico. La Guardia Civil sospecha que es debido a una paliza de su marido. La jueza, aun así, no cree necesario tomar medidas de protección para la mujer. Isabel acaba siendo asesinada a cuchilladas por su marido en la misma cama del hospital donde se recuperaba de la brutal paliza que él mismo le había propinado días antes. La dejaron inconsciente y a solas con su propio maltratador que, cuando vio que ella se iba recuperando y por miedo a que hablara, la acabó asesinando. Tuvo todo el tiempo y las ocasiones del mundo para pensar en matarla y hacerlo sin impedimento alguno.

Podríamos seguir así páginas y páginas porque casos similares no faltan. Lamentablemente.

Otro tipo de violencia que sufrimos las mujeres es la económica. Esta forma engloba todos los actos u omisiones que afectan a la economía y subsistencia de las mujeres, como limitar y controlar sus ingresos o impedir que consigan recursos económicos.

Esta violencia también se produce cuando existe desigualdad en el acceso a los recursos económicos, los cuales deberían estar compartidos entre ellos y ellas, como la educación de hijos e hijas o el derecho de propiedad. Por ejemplo: no pagar la manutención de hijos e hijas, o negarse a pagar la hipoteca serían casos de violencia económica.

Susana Martínez Novo, presidenta de la Comisión para la Investigación de Malos Tratos a Mujeres, lo resumió como «todo tipo de conductas que puedan ser de control de los recursos económicos de los ingresos familiares, de información sobre esos recursos». Casos que, como todos sabemos, son habituales.

Y abajo del todo, en la base hundida del iceberg, donde casi nadie llega a ver, se encuentra la violencia simbólica. La más sutil, la más invisible.

Fue el sociólogo francés Pierre Bourdieu quien la puso de relieve en los años setenta. Se usa en Ciencias Sociales para describir la relación social entre la persona «dominadora» y las personas «dominadas», donde la primera ejerce un modo de violencia indirecta —no directa físicamente— sobre las segundas. Estas no la perciben, no son conscientes de que están sufriéndola. Bourdieu determinó que, debido a esto, se convertían en «cómplices de la dominación a la que están sometidas».

La violencia simbólica es difícil de identificar porque está irremediablemente conectada a la normalización, es decir, a los comportamientos y costumbres de cada sociedad. Estos están sin cuestionar porque han sido aprendidos y asimilados como lo correcto, lo sean o no. Naturalizamos y asimilamos las relaciones de poder, y lo peor es que son las personas sometidas quienes se mantienen en ellas sin cuestionarlas.

Bourdieu advirtió de la dificultad de percibir la violencia simbólica, ya que se ejerce desde frentes que hemos aprendido a entender como inofensivos: la publicidad, el lenguaje, letras de canciones, literatura, refranes, cómics.

Si al hecho de que es muy complicado desaprender lo aprendido le unimos que el sistema favorece que no nos cuestionemos qué hay bajo la punta del iceberg o qué clase de estructura está sustentando la situación de las mujeres, lo que conseguimos es que el «dominador» siga teniendo poder y lo fortalezca con la ayuda de las propias personas dominadas.

Simone de Beauvoir dijo: «El opresor no sería tan fuerte si no tuviese cómplices entre los propios oprimidos». Y con esta frase se explican también el resto de formas de opresión: hay obreros que votan a la derecha porque han comprado el discurso que los *mass media* les venden (*mass media* con intereses muy diferentes a los de esos obreros, obviamente). También hay homosexuales homófobos, ya que han dado por cierto que lo correcto, en el fondo, es ser heterosexual.

Y así llegamos a las «mujeres machistas».

Pero parémonos un momento: si realmente el machismo es la prepotencia del hombre sobre la mujer, ¿tiene sentido que una mujer pueda ser machista? Un término más correcto que «mujer machista» (ya que la mujer, obviamente, no es un hombre y no tiene esa prepotencia sobre las personas de su propio género) sería lo que en el feminismo llaman «colaboracionista del machismo», ya que la alienación a la que se la ha sometido a lo largo de su vida la ha hecho, primero, interiorizar mensajes que ejercen violencia contra ella y, segundo, ser guiada por ese mismo sistema para que no cuestione dichos mensajes. Más adelante hablaremos de las mujeres como colaboracionistas del machismo.

Bourdieu estaba en lo cierto cuando dijo que la violencia simbólica no es menos «importante, real y efectiva» que la violencia física, y es que este tipo de violencia provoca efectos reales sobre las personas «dominadas» e incluso sobre sus cuerpos.

Hay muchos ejemplos de la violencia simbólica que el patriarcado ejerce sobre los cuerpos de las mujeres, por ejemplo, los trastornos alimenticios como la anorexia o la bulimia. El primer factor de riesgo para padecerlo es ser mujer adolescente, la proporción de casos de trastornos alimenticios entre mujeres y hombres es de 9 a 1. Los factores socioculturales para que se produzcan dichos trastornos son, para empezar, la cultura de la delgadez, que se ha convertido en un mito. Y no solo debemos ser delgadas, sino bellas y jóvenes. También la enorme coacción a través de los *mass media*, dirigida especialmente a mujeres adolescentes, es un factor que genera violencia: el mensaje que se transmite es que solo siendo delgadas seremos más atractivas y tendremos éxito.[1]

EL PORQUÉ DE ODIARNOS

Es tan difícil encajar en los rígidos cánones que nos inoculan desde pequeñas que es mucho más fácil acabar odiando tu propio cuerpo que adaptarse a dichos cánones. Muchas mujeres se someten a operaciones estéticas para parecer más jóvenes, para ser más proporcionadas según estos cánones, para «corregirse» lo que esos mensajes les repiten que son «imperfecciones». Como si una imperfección la invalidara como persona, solo porque es mujer. Como si nuestra única opción fuera la perfección. Pero la perfección es imposible, porque aunque encajes perfectamente por genética en los actuales cánones de belleza patriarcales, es obvio que envejecerás, por lo que incluso conseguir la perfección es algo temporal, y antes o después, acabarás odiándote.

Y, amigo, si nos hacen odiarnos a nosotras mismas, ¿cómo no nos vas a odiar tú?

---

1. *Anorexia y bulimia*, Cruz Roja Española.

Paso 3

Fase: ira

«Insistes en lo de machista,
¡me juzgas sin conocerme!»

*L*a verdad es que no me hace falta. Ni a mí ni a nadie. No es una cuestión individual, sino social.

Vivimos en una sociedad que odia a las mujeres, una sociedad misógina. Antes de desarrollar una explicación, ahí van unos cuantos datos objetivos y sus fuentes:

– Una de cada tres mujeres en el mundo sufre violencia física o sexual. Principalmente a manos de su pareja sentimental. Esto supone un 35 por ciento de las mujeres en el mundo. Aun así, estudios nacionales demuestran que hay países donde esta cifra aumenta hasta el 70 por ciento.

FUENTE: Departamento de Salud Reproductiva e Investigación de la OMS (Organización Mundial de la Salud), Escuela de Higiene y Medicina Tropical de Londres, Consejo Sudafricano de Investigaciones Médicas, 2013.

– Pese a que la disponibilidad de datos es limitada, y existe una gran diversidad en la manera en la que se cuantifica la violencia psicológica según países y culturas, las pruebas existentes reflejan índices de prevalencia altos. El 43 por ciento de mujeres de los 28 Estados miembros de la Unión Europea ha sufrido algún tipo de violencia psicológica por parte de un compañero sentimental a lo largo de su vida.

> FUENTE: «Violencia de género contra las mujeres. Una encuesta a escala de la UE», Agencia de los Derechos Fundamentales de la Unión Europea, 2014, p. 71.

– Se estima que en prácticamente la mitad de los casos de mujeres asesinadas en 2012, el autor de la agresión fue un familiar o su compañero sentimental, frente a menos del 6 por ciento de hombres asesinados por sus parejas ese mismo año.

> FUENTE: «Mujeres», ONU, 2013.

– A escala mundial, más de setecientos millones de mujeres que viven actualmente se casaron siendo niñas (con menos de dieciocho años). De estas mujeres, más de una de cada tres —o bien, unos doscientos cincuenta millones— se casaron antes de cumplir los quince años. Las niñas casadas no suelen tener la posibilidad de negociar efectivamente unas relaciones sexuales seguras, lo que las hace vulnerables ante el embarazo precoz así como ante las infecciones de transmisión sexual, incluido el VIH.

> FUENTE: «Ending Child Marriage. Progress and Prospects», UNICEF, 2014, pp. 2, 4.

– Unos 120 millones de niñas de todo el mundo (algo más de una de cada diez) han sufrido el coito forzado u otro tipo de relaciones sexuales forzadas en algún momento de sus vidas. Con diferencia, los agresores más habituales de la violencia sexual contra niñas y muchachas son sus maridos o exmaridos, compañeros o novios.

> FUENTE: «Hidden in Plain Sight. A Statistical Analysis of Violence against Children», UNICEF, 2014, p. 167.

— Se estima que doscientos millones de niñas y mujeres han sufrido algún tipo de mutilación / ablación genital femenina en treinta países, según nuevas estimaciones publicadas en el Día Internacional de Tolerancia Cero con la Mutilación Genital Femenina en 2016, promovido por la ONU. En gran parte de estos países, la mayoría fueron mutiladas antes de los cinco años.

FUENTE: «Female Genital Mutilation / Cutting. A global concern», UNICEF, 2016.

— Las mujeres adultas representan prácticamente la mitad de las víctimas de trata de seres humanos detectada a nivel mundial. En conjunto, las mujeres y las niñas representan cerca del setenta por ciento, siendo las niñas dos de cada tres víctimas infantiles de la trata de personas.

FUENTE: «Informe mundial sobre la trata de personas», UNODC (Oficina de la ONU contra la Droga y el Delito, por sus siglas en inglés), 2014, pp. 5, 11.

— Una de cada diez mujeres de la Unión Europea declara haber sufrido ciberacoso desde los quince años, lo que incluye haber recibido correos electrónicos o mensajes SMS no deseados, sexualmente explícitos y ofensivos, o bien intentos inapropiados y ofensivos en las redes sociales. El mayor riesgo afecta a las mujeres jóvenes de entre dieciocho y veintinueve años.

FUENTE: «Violencia de género contra las mujeres. Una encuesta a escala de la UE», Agencia de los Derechos Fundamentales de la Unión Europea, 2014, p. 104.

— Se estima que 246 millones de niñas y niños sufren violencia relacionada con el entorno escolar cada año y una de cada cuatro niñas afirma que nunca se ha sentido segura utilizando los aseos escolares, según indica una encuesta sobre jóvenes realizada en cuatro regiones del mundo. El alcance y las formas de la violencia relacionada con el entorno escolar que sufren niñas y niños varían, pero las pruebas señalan que las niñas están en situación de mayor riesgo de sufrir violencia sexual, acoso y explotación. Además de las consecuencias adversas psicológicas y para la salud sexual y reproductiva que conlleva, la violencia de género relacionada con el entorno escolar es un impedimento de envergadura para lograr la escolarización universal y el derecho a la educación de las niñas.

> FUENTE: Datos obtenidos del *Global Monitoring Report 2015*, de Education for All (EFA), UNESCO. Véase «School-related gender-based violence is preventing the achievement of quality education for all», Policy Paper 17, UNGEI (Iniciativa de las Naciones Unidas para la Educación de las Niñas, por sus siglas en inglés), 2015; así como Fiona Leach, Máiréad Dunne y Francesca Salvi, «School-related gender-based violence, SRGBV», documento de investigación preparado para la UNESCO, 2014.

Si reducimos la lupa, en nuestro país se cometieron más de 9.000 delitos contra la libertad sexual (acoso, agresiones, abusos sexuales...), de los cuales 1.227 fueron violaciones.[2] Esto se traduce en que cada poco más de seis horas se está produciendo una violación. Estos datos, sin embargo, son solo los que han sido denunciados; la cifra real es incalculable debido a que la ver-

---

2. Instituto de la Mujer y para la Igualdad de Oportunidades. Ministerio de Sanidad, Servicios Sociales e Igualdad.

güenza y el miedo hacen que muchas mujeres no denuncien nunca.

Solo en 2015 se interpusieron 129.193 denuncias por violencia de género, una media de 354 por día[3] aproximadamente. Y vuelve a suceder lo mismo: son solo casos denunciados, el número real no podemos saberlo, pero no es raro que en noticias sobre feminicidios leamos la coletilla ya conocida por todos: «La mujer nunca había denunciado».

No es difícil llegar a la conclusión de que un mundo donde la violencia hacia la mujer es considerada ya una pandemia por la Organización Mundial de la Salud (OMS) es un mundo indudablemente misógino.

Los «locos»

Es obvio, por otra parte, que no todos los hombres acaban violando y matando a mujeres, pero que no lleguen a esos extremos no significa que no hayan crecido absorbiendo los mismos mensajes, actitudes, noticias, anuncios, situaciones de discriminación, que los que sí llegan a esos extremos. Recordemos que los feminicidas, los violadores, los exhibicionistas, los acosadores y los maltratadores no se han criado en mundos paralelos.

Y no, tampoco son «locos». «Locos» es una palabra indefinida pero muy socorrida para explicar lo que no entendemos o lo que no queremos entender. Cada una de las mujeres asesinadas, acosadas, abusadas, violadas

---

3. Véase www.observatorioviolencia.org/estadísticas, Fundación Mujeres.

o maltratadas no tuvieron «la mala suerte» de dar con «un loco que», simplemente dieron con hombres.

Pero si por un momento diéramos por válida la teoría (pelín poco currada) de «los locos que», contéstame a algo: ¿cómo es que esta enfermedad mental X se desarrolla de forma masiva solo en hombres? Obviamente, no existe tal trastorno mental ni nada que se le parezca; es más, al llamarlos «locos» estamos estigmatizando a las personas que sí sufren una enfermedad mental.

El problema de ver a los violadores, maltratadores y feminicidas como «locos» o como «enfermos» no solo normaliza la violencia contra las mujeres («Es algo que no se pudo evitar, porque él estaba loco») y fomenta la cultura de la violación (ya que desconectamos el verdadero nexo con quienes suelen cometer estos actos: los cuerdos y machistas), sino que además provocamos un daño colateral en las personas con enfermedades mentales reales. Nos inventamos, por ignorancia, un nexo equivocado (y peligroso) entre violencia y estar «loco» (entendiendo «loco» como una persona que tiene un trastorno mental).

Este ideario está también fomentado por, cómo no, los medios de comunicación, que informan poco y mal sobre los problemas relacionados con la salud mental (en un alto porcentaje, son noticias sensacionalistas asociadas al tema de la mencionada violencia / peligrosidad).

Sin embargo, los estudios concluyen algo muy diferente: las personas que padecen algún trastorno mental son, en realidad, más víctimas que agresoras: hasta un 34 por ciento de ellas han sido objeto de violencia o maltrato durante su vida.

Los hijos sanos del patriarcado

No sé cómo nos las apañamos las mujeres para ser las que tenemos fama de «locas» pero aun así no nos dedicamos a violar, agredir y matar a hombres hasta el punto de que la OMS tenga que alertar de que la violencia contra ellos es ya de proporciones pandémicas, como sí sucede con la violencia sobre las mujeres.

Y este es solo un ejemplo de cómo el uso del lenguaje es crucial, porque no es inofensivo. Llamar a las cosas por su nombre evita causar daños y ofensas. Por eso el feminismo no se cansa de repetir que «no son locos, son hijos sanos del patriarcado». Y tenemos que seguir insistiendo con esta frase y todo lo que ella conlleva, porque explica a la perfección cómo, hasta ahora, estamos apuntando en la dirección equivocada.

Pero ¿a qué nos referimos cuando decimos que no son locos sino hombres? El hombre no lleva en sus genes el deseo de hacer daño ni está predestinado a creerse superior a cualquier mujer. Tampoco tiene una enzima que lo determina biológicamente a odiar a la otra mitad de la población. Es algo adquirido, aprendido, asumido y aceptado. La misoginia es una construcción social, al igual que la homofobia o el racismo.

El trabajo del feminismo es sacar a relucir todas esas y muchas otras enseñanzas normalizadas y mirar la realidad con perspectiva de género. A veces no hay más que darle la vuelta a los géneros en la ecuación para conseguir que el que ha normalizado la misoginia vea lo terrorífico que en realidad es si contamos cualquier historia al revés:

Imagina una sociedad donde las mujeres maltrataran sistemáticamente a sus maridos, donde una media de setenta hombres fueran asesinados por sus mujeres cada año en España y donde cada hombre tuviera miedo a ir solo por la calle, porque supiera que podría ser agredido o violado.

¿Por qué mirado así es algo inconcebible? ¿Y por qué la realidad, vista tal y como es, no se trata más que de «locos que»? ¿Usaríamos el «dio con una loca» para cada uno de esos casos o analizaríamos sin atisbo de duda que es el género el motivo?

OTRAS EXCUSAS MACHISTAS Y LOS *MACHIRULOS ADVANCED*

Los datos globales que citábamos al inicio, sin embargo, no son una representación de «todo el machismo». Tampoco esas miles, millones de mujeres de las que hablábamos antes son todas las víctimas del machismo. Las víctimas del machismo somos cada una de las mujeres del mundo, solo que lo somos en menor o mayor medida.

Otra excusa muy socorrida de machirulado para quitarle hierro al asunto cuando el feminismo clama que todas somos víctimas del patriarcado es la conocida «Muy oprimidas pero bien que no te quejas de no pagar en las discotecas».

¿Alguien puede llegar a creer realmente que las discotecas (o cualquier tipo de empresa) va a dejar de obtener beneficios de un sector de clientes solo por su género? ¿Qué sentido tiene, desde un punto de vista empresarial en un mundo capitalista? Ninguno. Los motivos del empresario para dejar entrar gratis a mujeres a sus garitos no es otro que el de usarlas como reclamo, como mercancía, y encima gratis, sin ningún coste para ellos. Nosotras prestamos el servicio al empresario, le llenamos el local y conseguimos que un montón de hombres se apelotonen en la taquilla para pagar la entrada, como en una atracción circense: pasen y vean. Y molesten y baboseen, añadiríamos aquí.

Por favor, en el futuro, no uses esta excusa tan rancia. Además, es de primero de machismo; de hecho, los machistas más avanzados no la usan ya. Estos, a los que llamaremos «Machirulos Advanced», se empeñan en buscar argumentos que tumben al feminismo, que lo desenmascaren, como si de alguna trampa muy ingeniosa y elaborada se tratara. Seguro que conoces a más de uno así.

Los Machirulos Advanced ya manejan otras ingeniosidades mucho más curradas que la de la discoteca gratis; por ejemplo: los miles de hombres que son violados en cárceles. Pero como el feminismo no es una gran estrategia para implantar una vaginocracia sino un movimiento para la liberación de la mujer perfectamente sustentado con un argumentario indiscutible, no es difícil rebatir ni a machistas *amateurs* ni a los *advanced*.

Con esta premisa sobre las violaciones en cárceles, lo que intentan es desmontar el argumentario feminista que explica la violencia de los hombres hacia las mujeres... con casos de violencia ejercida contra hombres por OTROS hombres. Es curioso cómo no ven que el único lugar del mundo donde hay hombres violados es aquel en el que los hombres no pueden acceder a las mujeres. Y sí, hay hombres que violan en la cárcel a otros hombres, pero es que nadie dijo que el patriarcado fuera inocuo para ellos; en ocasiones como esta existen daños colaterales.

Para demostrar que el verdadero oprimido es el hombre, también suelen exponer que son ellos quienes van a la guerra y no nosotras.

Contra esta reflexión poco profunda, tiene una réplica Simone de Beauvoir:

> La peor maldición que pesa sobre la mujer es estar excluida de estas expediciones guerreras; si el hombre se eleva por encima del animal no es dando la vida, sino arriesgándola; por esta razón, en la humanidad la superioridad no la tiene el sexo que engendra, sino el que mata.

Pero no solo es así, es que además, al decir algo como que el hombre, pobre, es quien va a la guerra, no se está teniendo en cuenta que las mujeres en conflictos bélicos están ocupadas siendo violadas por soldados (incluso por los que van en misiones de paz, como los de la ONU). Las mujeres tienen un papel muy específico en las guerras, y este va desde ser trofeos sexuales de guerra hasta ser humilladas y vejadas como represalias dirigidas a sus maridos. Recordemos aquí el motivo por el que ciertas leyes contra la violación no se aprobaron para protegerlas a ellas, sino al honor de ellos.

No parecen ser conscientes quienes alegan esto de cuál es el verdadero papel de las mujeres en los conflictos bélicos. No ven —o no quieren ver— que ellas son las que acaban siendo vejadas, humilladas y violadas en todas las guerras, y siempre por parte de hombres, claro. Las mujeres son el botín de todas las guerras desde que el mundo es mundo.

LAS MUJERES NO VAN A LA GUERRA

Martha, por ejemplo, una mujer sursudanesa que aún vive sumida en la limpieza étnica que está teniendo lugar en su país desde 2013, contaba cómo era su vida hace tan solo dos meses al diario *El Mundo*.[4]

La entrevistaron, a ella y a otras mujeres de Sudán del Sur, a raíz de un informe que publicó la ONU, en el que se aseguraba que los soldados del Gobierno «obligaban a la gente a practicar el canibalismo» y tenían permiso «para violar a mujeres y saquear como parte de su salario».

Martha relató con palabras mucho más crudas en qué consistía este tipo de pago a los soldados: «Nos golpean, nos humillan, nos detienen durante días para divertirse con nosotras. A algunas las han matado. Ninguna mujer te lo va a contar, pero ahí fuera nos han violado a todas». Y como víctima no solo de un conflicto bélico sino también de lo que este conlleva si eres mujer, ha aprendido el modus operandi de los hombres: «Están en las charcas donde tenemos que ir a lavarnos. O en los lugares adonde vamos a por leña. Suelen ir muy borrachos. Buscan a mujeres solas o en pequeños grupos. Por eso procuramos ir juntas».

Las mujeres no van a la guerra, las mujeres se la encuentran en sus países, no son ellas quienes deciden que habrá guerra o que no la habrá, no están nunca en posición de poder; no solo no van, es que nadie les pregunta. Y cuando se la encuentran sin margen de maniobra o sin otro tipo de solución, no solo sufren asesinatos de seres queridos o pérdidas materiales, como puedan sufrir los hombres víctimas del mismo conflicto, sino que tienen un añadido de sufrimiento, solo por su género. Son los trofeos de soldados, no son más que objetos

---

4. Véase www.elmundo.es/grafico/internacional/2016/04/17/5 7111fc7e5fdea9f548b4655.html.

contra los que descargar específicamente la ira, el odio y la violencia.

«Saben que nuestros hombres no están aquí y nos violan para destruirnos, como botín de guerra. No buscan placer sexual. A veces usan palos.» Además, son usadas para hacer daño a los hombres que no están, porque marcharon a hacer la guerra. Reciben la violencia que les corresponde por ser mujer y por ser «la mujer de». Porque nada hará más daño a «su hombre» que el saber que el honor de su esposa ha sido mancillado, que su cuerpo ha sido invadido por el enemigo.

Pero esto no ocurre solo en Sudán del Sur, hasta los llamados «cascos azules» cometen violaciones, como sucedió en la República Centroafricana, que, desgarrada por la guerra, fue receptora de las Fuerzas de Paz de la ONU, cuyos soldados abusaron sexualmente de más de cien mujeres y niñas.

Mujeres de todo el mundo acaban siendo siempre violadas, porque la violación es otra arma de guerra. Pero no es la única, ya que incluso las mujeres que huyen en busca de refugio son víctimas de otro tipo de violencia, ya que los países que las acogen tampoco les proporcionan la dignidad que merecen.

Como es el caso de Maryam, una mujer siria que no solo huyó de la guerra y de la violencia sino también del maltrato por parte de su pareja, como denunciaba Amnistía Internacional.[5]

Durante la huida de su propio país, intentaron agredirla sexualmente. No es más que uno de los miles

---

5. Véase www.es.amnesty.org/en-que-estamos/noticias/noticia/articulo/las-personas-refugiadas-que-llegan-a-espana-no-se-merecen-un-sistema-de-asilo-arbitrario-discrimi/.

de casos similares. «Llegó sola a España, en una situación especialmente vulnerable. A pesar de los problemas que presentaba, no ha sido debidamente identificada ni ha tenido acceso a una atención especializada ni a apoyo psicológico. En la actualidad vive en un centro para personas sin hogar.»

Las mujeres no van a la guerra; la sufren en su vida, en su dignidad y en su cuerpo por el simple hecho de ser mujer.

Las mujeres no van a la guerra, huyen de ellas.

Las mujeres no van a la guerra porque ya viven en guerra estén donde estén.

Paso 4

Fase: resistencia

«Pero… no puedo ser machista, tengo una hija
y la educo en igualdad.»

Como decíamos antes, el machismo no es una cuestión de individuos sino de sociedad. Tampoco es causa de la bondad o maldad de cada una de las personas que conforman una región. Se trata de factores educacionales y culturales que se alinean para perpetuar el patriarcado. Por eso no tiene sentido mirarlo desde la individualidad o desde los sentimientos.

Para entendernos, da igual cómo eduques a tu hija en un país que lapida a las mujeres adúlteras o en un país en el que no, porque si comete adulterio la van a lapidar dependiendo de qué en país viva y no de la educación que haya recibido.

Digamos que el machismo va a afectarla dependiendo de cómo sea percibida, más que de cómo se perciba ella a sí misma o la enseñes a percibirse: segura, independiente.

Además, la educación que recibe un niño o una niña no es solo la que se desprende de su núcleo familiar, ya que la sociedad también educa, y mucho. Con una educación feminista podemos amortiguar el impacto de la educación patriarcal que recibirá por parte de la sociedad, pero no podremos asegurarle ni que no adquiera actitudes machistas ni que no sufra el daño del patriarcado, máxime cuando su padre asegura que él no es machista: obviamente no la está educando en igualdad si no es consciente de su propio machismo.

Como dijo Flora Tristán (1803-1844), escritora feminista francesa:

> El nivel de civilización al que han llegado diversas sociedades humanas está en proporción a la independencia de que gozan las mujeres.

Las mujeres en general, no un puñado de mujeres en una sociedad machista.

Es el error en el que caemos también muchas mujeres: creernos a salvo del machismo o de ciertas experiencias como, por ejemplo, la del maltrato por parte de un novio o marido. Nos percibimos seguras, con carácter, incapaces de poder caer en una relación que nos dañe o de enamorarnos de alguien que nos trate mal.

Pero la realidad es otra: está ampliamente demostrado que las mujeres maltratadas no son todas sumisas y faltas de arrojo o valentía. Sí que es fácil encontrar que, tras un periodo de maltrato, las víctimas tienen falta de autoestima y se han ido convirtiendo en una sombra de lo que eran, pero no empieza siendo así.

El maltrato no empieza con un bofetón el día menos pensado, después de un periodo inicial en el que todo fue un idilio de película. Ojalá, porque así la víctima lo vería tan claro que le sería mucho más fácil escapar. El problema es que es algo mucho más lento, sutil y gradual, y muchas, muchísimas veces, el bofetón ni siquiera llega; al maltratador no le hace ni falta porque ya ve mermada la seguridad y el valor que se da a sí misma la mujer. La tiene donde quiere, haciendo lo que él quiere, y los golpes no le son ni necesarios.

Con esto no quiero decir que haya mujeres que, incluso siendo completamente sumisas no reciban palizas, ni mucho menos: hay hombres que no solo usan el maltrato para minar la autoestima de sus parejas y así asegurarse de que no emprenderán una vida sin ellos, sino que usan a las mujeres como saco de boxeo de sus propias frustraciones vitales.

Cuando las mujeres levantamos un muro que nos diferencia de las víctimas de violencia de género, estamos obviando que nosotras y ellas somos las mismas. Que no se trata de ser menos listas, menos valientes o menos seguras, se trata de ser mujeres. Ese es el único denominador común.

Tomar conciencia feminista sí es un buen apoyo para no caer en situaciones de maltrato, pero tampoco es infalible: conocer bien el patriarcado y sus artes, identificar los distintos tipos de violencia y saber analizar en otras parejas uno de esos tipos no nos libra por completo de pasar por una situación parecida.

Por poner un ejemplo: yo puedo ser feminista, haber presenciado cómo una amiga ha sido maltratada por su pareja con silencios intencionados cuando ella hablaba o se expresaba, puedo notar cómo ella ha ido perdiendo la autoestima al ser ignorada sistemáticamente por la persona que en principio debía amarla, puedo haber entendido que él, con su indiferencia constante, intentaba hacerla de menos y conseguía que ella misma pensara que no era una mujer interesante, que sus pensamientos y sus reflexiones debían de aburrir a las cabras, y he podido también ir percibiendo cómo mi amiga se sumía en el más absoluto de los silencios, sí.

Pero eso no me librará de otro tipo de maltrato, porque violencias hay muchas. Y puede que un día cayera en un tipo de maltrato del que, hasta entonces, no hubiera oído ni hablar, por parte de un hombre del que me he enamorado porque lo que me ha mostrado hasta el momento no es su yo real. Ese hombre puede empezar a culparme, sin gritos, sin agresividad y muy sutilmente, de todo lo que pase. Al principio con bromas, paulatinamente con reacciones como la tristeza o la decepción, manipulando los hechos de forma tan imperceptible y tan poco a poco, que para cuando llega el primer grito por un error yo ya creo merecerlo.

¡ES POR EL HETEROPATRIARCADO!

Como vemos, el patriarcado tiene mil formas. Y ahora que sabemos de qué va y hasta dónde nos perjudica a las mujeres, quizás sea buen momento para ampliar el prisma y hablar del heteropatriarcado.

Si bien el patriarcal es el sistema sociopolítico que da poder al hombre en detrimento de la mujer, el heteropatriarcal es el sistema que, además, otorga la supremacía a la heterosexualidad sobre cualquier otra orientación sexual. Si el patriarcado es perjudicial para las mujeres, el heteropatriarcado lo es para los no heterosexuales.

En junio de 2016, tras la matanza de Orlando (Estados Unidos) en la que fueron asesinadas cincuenta personas homosexuales por un homófobo armado con un rifle de asalto, ese mismo día, dos mujeres eran asesinadas en España por sus maridos. Alberto Garzón (Izquierda Unida) escribió lo siguiente en su cuenta de Twitter:

Mi apoyo al entorno de las víctimas de Orlando y de las dos mujeres asesinadas en veinticuatro horas. Víctimas de la misma lacra: el heteropatriarcado.

Miles de personas se burlaron de estas declaraciones, personas que incluso se declaraban de izquierdas y votantes de su partido. Muchos medios se hicieron eco de aquella frase en tono burlesco, y líderes de audiencia como Carlos Herrera se mofaron de Garzón por sus palabras.

Por supuesto, ninguno de ellos sabía qué era el heteropatriarcado y, lejos de informarse antes, opinaron que Garzón lo que quería era exculpar al extremismo islámico, ya que el asesino era musulmán. Daba igual que los familiares del mismo hubieran declarado que el tipo no era muy religioso que digamos, daba igual que la masacre se produjera en un pub gay, daba igual todo: las burlas hacia Garzón no cesaron.

Por su parte, los medios de derechas se centraron en que el asesino era musulmán y explicaban así que matara a cincuenta personas gais, ya que el islamismo no es precisamente *gayfriendly.* La islamofobia y el machismo que se respiró aquellos días dejaba clara una cosa: la ignorancia genera miedo, y además es muy atrevida.

El islam odia a los homosexuales, no así el catolicismo, claro, conocido mundialmente por tener hasta una carroza el Día del Orgullo. Occidente tiende a ver el islam como la motivación de cualquier asesinato; en cambio, si el asesinato lo comete un blanco, la causa no fue su religión, sino un trastorno mental. Por eso no sabemos la religión de los casi mil feminicidas que han asesinado a su mujer en la última década en nuestro país, porque no nos interesa, porque en ningún caso vamos a culpar a su religión.

¿Por qué Alberto Garzón mezcló en un solo tweet los asesinatos de gais en Orlando con los asesinatos de mujeres en España? Porque, efectivamente, son causados por lo mismo: el heteropatriarcado.

Al igual que el racismo genera violencia sobre las personas no blancas, el heteropatriarcado la genera sobre mujeres y homosexuales. Esa violencia se traduce, a su vez, en muchas otras formas de violencia, como hemos dicho antes. Y en su máxima expresión dan lugar a asesinatos.

Interseccionalidad y otras cosas que no viste

Existen muchos módulos de opresiones que eran invisibles hasta hace unas décadas, exactamente hasta los años sesenta, cuando las mujeres negras protestaron contra el feminismo al no sentirse representadas por él. Y lo cierto es que sí, el feminismo estaba pensando sobre todo en las mujeres blancas, dejando infrarrepresentadas a las demás.

Así llegó la interseccionalidad, de la que seguro que habrás oído hablar. La interseccionalidad afirma que, dentro de la sociedad, hay más módulos de opresión que el basado en el género, como por ejemplo los basados en la etnia, en la religión, en la nacionalidad, en la orientación sexual (homofobia), en la clase, en una discapacidad o en la especie. Pertenecer a una u otra categoría te puede convertir en privilegiado o en oprimido, siendo los hombres heterosexuales blancos de clase alta y sin discapacidad de ningún tipo quienes están por encima de todos los demás.

Por ejemplo, las personas no blancas están oprimidas por las blancas, las heterosexuales disfrutan de privilegios sobre las no heterosexuales, hay personas que sufren xenofobia por su nacionalidad y otras no, por lo que las segundas generan opresión sobre las primeras, etcétera. Del mismo modo, las mujeres negras (por seguir con el ejemplo del inicio) están oprimidas como mujeres y también como negras, ya que sufren dos tipos de desigualdad social. Si, además, hablamos de mujeres negras de clase baja, las opresiones se multiplican. Y así sucesivamente. Esto explica que las opresiones no actúan independientemente, sino que se interrelacionan entre ellas.

«MIEDOS» Y «MIEDOS»

Angela Davis se preguntaba: «¿Por qué aprendemos a tener miedo del terrorismo pero no del racismo, o del machismo o de la homofobia?». Todos matan pero, curiosamente, nos han enseñado que solo uno de ellos es el verdadero peligro.

Volviendo al caso de la masacre de Orlando: aunque el asesino fuese un extremista islámico, el tweet de Alberto Garzón seguiría siendo exacto, ya que todas las religiones mayoritarias tienen como eje central el heteropatriarcado. Al igual que la mayoritaria en España. De hecho, el Observatorio Español contra la LGBTIfobia denunció que hasta catorce obispos de nuestro país (uno de cada seis) fomentaban el odio y la exclusión de las personas homosexuales.[6]

6. Véase http://www.stoplgbtfobia.org/stoplgbtfobia-denuncia-la-hipocresia-y-la-falta-de-caridad-cristiana-del-arzobispo-de-sevilla-al-fomentar-la-exclusion-de-homosexuales-en-la-iglesia/.

El obispo de Alcalá de Henares, Juan Antonio Reig, aseguró un Viernes Santo y retransmitido por RTVE, que los gais «encuentran el infierno [...] Llevados por tantas ideologías, acaban por no orientar bien lo que es la sexualidad humana; piensan ya desde niños que tienen atracción hacia personas de su mismo sexo y, a veces, por comprobarlo, se corrompen y se prostituyen».

Por su parte, el cardenal Fernando Sebastián expresó que la homosexualidad era «una deficiente sexualidad» que «se puede normalizar con tratamiento». Otro cardenal español, Antonio María Rouco, dijo que «el matrimonio gay es la rebeldía del hombre contra sus límites biológicos».

El obispo de Tenerife, Bernardo Álvarez, famoso por frases como «Hay menores que desean el abuso e incluso te provocan», también tuvo palabras para la comunidad LGBTI: «El fenómeno de la homosexualidad es algo que perjudica a las personas y a la sociedad», o «No es políticamente correcto decir que es una enfermedad, una carencia, una deformación de la naturaleza propia del ser humano. Eso que decía cualquier diccionario de Psiquiatría diez años atrás hoy no se puede decir». Además de generar odio y violencia contra los homosexuales, también intentó crear miedo a los que no lo son: «A la larga pagaremos las consecuencias como las han pagado otras civilizaciones».

Obviamente, estas palabras homófobas son agresiones en sí mismas para la comunidad LGBTI, un colectivo ya azotado por la discriminación y las agresiones, que no dejan de multiplicarse. Al cerrarse la edición de este libro (junio de 2016), se han denunciado en lo que llevamos de año más de cincuenta agresiones homófobas en España.

Las mismas palabras, dichas por un imán, generan también violencia pero solo las señalamos como causa cuando la agresión o asesinato de una persona homosexual tiene como ejecutor a un musulmán. Cuando el agresor proviene de un país cuya religión mayoritaria es el catolicismo, no se relaciona su homofobia con su religión. ¿Por qué? Porque el desconocimiento genera en muchas personas miedo y odio.

Por ejemplo, el noruego Anders Breivik cometió un atentado en una pequeña isla de su país que dejó 77 víctimas. Se definía a sí mismo como «cristiano luterano»; sin embargo, la prensa de todo el mundo se devanaba los sesos para encontrar una explicación a la masacre y, cómo no, ¡bingo!, un supuesto trastorno mental es lo único a lo que decidieron darle relevancia.

Ni qué decir tiene que nadie, jamás, hace la observación de que los autores de matanzas son siempre hombres. Son a ellos a quienes, desde pequeños, les enseñan de forma diferente a nosotras cómo ocupar el espacio, cómo expresarse, a ser violentos. Aplaudimos a los niños que son agresivos, que se saben defender atacando. Mientras que a las niñas la sociedad las educa desde pequeñas a no ocupar su espacio con libertad, a no ser agresivas, sino sumisas y prudentes, educadas y discretas. Los niños han de ser malotes (ni siquiera se usa el término «malota») y a las niñas se las enseña a ser «buenas».

EDUCÁNDONOS EN MACHISMO

Mensajes como los anteriores están por todas partes. Desde los juguetes hasta los deportes que son apropiados para unos y otras, pasando por todas las películas infantiles. Disney es la mayor fábrica de reforzamiento de roles de género, de perpetuación de la misoginia y hasta de la violencia de género. Sí sí, violencia de género. Luego veremos por qué.

Pero empecemos por los juguetes.

Hagamos una prueba. Elige cualquier catálogo de cualquier juguetería, da igual cuál. Ábrelo por cualquier página.

Comprobarás que los juegos que incluyen algún deporte están representados por niños que saltan y ocupan el espacio libremente. Brazos extendidos, cantando gol, gritando mientras la imagen de su coche parece correr más que el de su adversario en juegos como el Scalextric.

Ahora busca el apartado de niñas. Porque sí, hasta los separan por género. Las páginas suelen ser hasta de otro color. Un color pastel para ellas, con niñas sentadas con aspecto candoroso mientras abrazan a un muñeco, juegan con carritos de bebé, en cocinitas donde se las ve sonriendo mientras preparan la comida imaginaria que luego darán a sus muñecos pelones.

También puedes darte un paseo por el departamento de juguetes de cualquier centro comercial. Es lo mismo. Niñas peinando, cocinando, cuidando, limpiando, maquillándose en cada caja de los juguetes de un pasillo que visto en perspectiva será una masa de colores pasteles con un rosa predominante. En el pasillo paralelo verás a niños brincando eufóricos, ganando, moviéndose en cajas de colores negros, azules, rojos, verdes.

También los juegos de ciencia están representados mayoritariamente con niños. Las niñas están infrarrepresentadas en todos los juegos cuyo objetivo no sea el de los cuidados. Se nos adjudican estas tareas desde bien pequeñas, y los mensajes implícitos en la forma en la que nos enseñan a jugar van ocupando su espacio en nuestro día a día.

El resultado no deja lugar a dudas: los cuidados, las tareas domésticas, la crianza de los niños y la atención de los mayores, el cuidado por el aspecto son cosas que no podemos evitar y con las que nos conformamos porque así ha sido desde que tenemos memoria. Por eso, también, la conciliación parece ser a día de hoy un tema de mujeres, porque somos las únicas que necesitamos políticas que nos dejen conciliar la vida profesional con la personal. La mayoría de los hombres no tienen esta disyuntiva.

Pero la clase política y los medios de comunicación, lejos de intentar educar y formar en feminismo para que la conciliación, las tareas domésticas y demás «temas de mujeres» comiencen a ser cosa de todos, tampoco están por la labor de intentar paliar los estragos que causa el machismo ya imperante.

Disney, por nombrar a una de las factorías de películas infantiles, no solo perpetúa lo ya aprendido, sino que, a su vez, enseña y educa a nuevas generaciones para que nada cambie.

Varias generaciones hemos crecido con *La bella y la bestia*, por ejemplo. Una supuesta historia de amor donde, como siempre, acaban comiendo perdices. Siempre acaban felices tras superar el obstáculo X. En esta ocasión, el obstáculo para conseguir la felicidad plena es que el protagonista masculino fue hechizado por una malvada bruja que lo convirtió en bestia. Una bestia malhumorada y agresiva que decidió encerrarse en su castillo junto a su personal doméstico, también víctimas del mismo hechizo pero que, casualmente y a pesar de que los convirtieron en objetos sin haber hecho nada, mantenían un buen humor envidiable y sorteaban los ataques de la bestia sin mayor drama.

La bestia decide que es buena idea secuestrar a Bella, la cándida protagonista, y encerrarla en la más alta mazmorra de su castillo. Le prohíbe salir de allí, ver a su familia, hacer su vida. Es su rehén.

Menos mal que Bella es una muchacha como debe ser: buena, paciente, amable. Tanto es así que, con su dulzura y buen hacer, consigue «curar» a la bestia, que de zarandearla, encerrarla y gritarle pasa paulatinamente a regalarle vestidos e invitarla a que se siente a la mesa con él.

¿Cómo no enamorarse de alguien así? ¿Por qué quedarse en la superficie, en el secuestro, en el maltrato y en los gritos, cuando «la verdadera belleza está en el interior»? Si ya nos han repetido por activa y por pasiva que el amor todo lo puede. Claramente Bella hizo bien: fue paciente, no se quedó con lo que le mostraban, sino que rebuscó en las profundidades de la bestia y encontró que, en realidad, era el hombre de su vida.

Y como premio, hasta la fea apariencia de la bestia cambió (también gracias al amor de Bella) y se convirtió de nuevo en el apuesto príncipe que solía ser. Podría haberse convertido en el primer protagonista de Disney que no perpetuaba los cánones de belleza patriarcales, podría haberse quedado con forma de bestia, podría haber sido así consecuente con su mensaje: la apariencia no es importante. Pero no sucede esto, claro.

Disney perpetúa con sus películas el mito del amor romántico: lanzando mensajes como el de *La bella y la bestia* lo que consigue es que las niñas crezcan creyendo que deben aguantar los arrebatos de sus parejas, porque es síntoma de que las quieren. Con su paciencia y bondad, lograrán que desaparezcan. Por el otro lado, los niños crecen sabiendo que la violencia no tiene castigo cuando va dirigida contra una mujer. Porque así son los hombres: impulsivos, agresivos cuando tienen un problema, no pueden controlar sus instintos.

La realidad es bien distinta: en la vida nos encontramos con hombres que humillan, gritan y maltratan psicológica o físicamente a sus parejas; y por mucho que estas tengan paciencia y bondad, la historia no cambia, más bien al revés: el control sobre ellas se endurece y el maltrato va a más, nunca a menos.

Prácticamente todas las producciones de Disney refuerzan el concepto del mito del amor romántico, ese que nos plantea las relaciones y el amor como experiencias donde ellas tienen que someterse a lo que sea necesario por el amor de él y más aún, como si ese someterse no tuviera más coste que la felicidad eterna.

Otra película con la que muchas personas hemos crecido es *La sirenita*. Ariel, la simpática y perfecta (como todas) protagonista, renuncia a su bien más preciado, su voz, para pactar con la mala de turno y conseguir cambiar las aletas por pies, ya que su amado es humano y no «sireno». Perder tu identidad, lo que te define, a veces nos es necesario si de verdad queremos a un hombre. Casi siempre son ellas las que han de luchar contra los elementos y contra el personaje femenino malvado: Cenicienta, Blancanieves, la Bella Durmiente... Porque las mujeres de Disney tienen solo dos estereotipos: o muy buena, o muy mala. Las mujeres para la gran factoría de animación son o princesas o brujas. No hay más.

La polarización no deja lugar a grises. No nos da un respiro nunca. No podemos ser como los hombres: a veces buenas, otras malas; a veces acertar, y otras errar...

Pero tanto el mito del amor romántico como la polarización de personajes van más allá de Disney: la literatura y el cine están llenos de ejemplos donde la mujer ha de esforzarse para conseguir el amor del hombre y, si lo logra, este acabará salvándola de la vida, del peligro y hasta de sí misma.

Solo hay que mirar en la lista de películas románticas más taquilleras.

En *Pretty woman* ella es puta y él rico. Ella logra que él la quiera, consiguiendo así que la salve de trabajar en la calle.

En *Oficial y caballero* ella es obrera y él es militar. Todos conocemos el final: él aparece vestido de blanco impoluto en la fábrica donde ella trabaja, la coge en brazos y se la lleva.

En *Grease* ella consigue que él deje de ningunearla y de avergonzarse de estar con ella. Con paciencia y bondad alcanza su objetivo: el amor de él y, por ende, la felicidad.

En *El diario de Noa* es ella quien se aleja, pero por culpa de, cómo no, una mujer: su madre, que se interpone entre ella y su amado, ocultando las 365 cartas que él le escribió durante un año entero.

En *Mejor imposible,* ella es quien consigue «curar» con su amor y su paciencia a un neurótico Jack Nicholson.

Si nos vamos a grandes éxitos de la literatura para adolescentes, solo hace falta mirar quién encabeza las ventas: la saga *Crepúsculo.* Una «historia de amor» donde ella no solo renuncia a sus amigos, a su familia y a su forma de vida por el protagonista, sino que decide dejarse convertir en un no-muerto para estar más cerca de él. El amor todo lo puede de nuevo.

Por otro lado, una saga que alcanza niveles astronómicos de ventas tanto en librerías como en cines es *Cincuenta sombras de Grey.* Un relato donde ella se convierte en sumisa y es objeto del control y humillaciones de él. Tanto es así que «voluntariamente» firma un contrato donde acepta que sea Grey, el protagonista, quien le diga qué hacer y cómo, desde a qué ginecólogo ir hasta cómo atarla a la cama para satisfacer sus necesidades. Es especialmente frustrante que el grueso de esta saga haya sido casi íntegramente adquirido por mujeres de todo el mundo. Un mundo que ya las humilla y las ata, hasta este punto llega la normalización de la violencia. Millones de mujeres han consumido esta historia de maltrato y control y la han asimilado como una «historia de amor».

A esto me refiero con que la educación que demos a nuestros hijos e hijas no será suficiente para que no acaben impregnados de mensajes dañinos. Da igual dónde miremos o qué leamos, lo heteronormativo, el mito del amor romántico y los cánones de belleza heteropatriarcales están por todos sitios, y con ellos crecemos y nos formamos.

Paso 5

Fase: negociación

«Vale, si todos somos machistas...,
tú también, ¿no?»

*D*e la misma forma que los hombres han aprendido a ser machistas, a las mujeres se nos ha enseñado a ser colaboracionistas del machismo.

¿MUJERES MACHISTAS?

Nosotras, como comentábamos antes, no podemos ser machistas debido a que no sentimos la superioridad sobre las mujeres que sienten los hombres, simplemente crecemos bajo la premisa de que ellos están capacitados para cosas que nosotras no, que son superiores en muchos aspectos, que son más libres de expresarse y de fallar que nosotras, etcétera. Y al aceptar esto como verdad irrefutable, estamos colaborando con el sistema patriarcal.

Colaborar con el machismo se puede hacer de muchas maneras, y dependiendo de cómo y cuánto hayan calado todos esos mensajes en cada una, usaremos unas u otras formas, con más o menos contundencia, para perpetuarlo.

Poco a poco, como mujer, vas dando por cierto todo lo aprendido, y ya desde pequeña te preocupas por encajar —con más o menos éxito— en los roles de género que te han sido asignados. Cuando somos niñas o adolescentes, nuestra primera necesidad es la de ser lo que se espera de nosotras y evitar ser excluidas por comportamientos «poco femeninos», es decir, comportamientos solo reservados a ellos.

Obviamente, nuestras primeras reflexiones no van encaminadas a cuestionar lo establecido, sino a ser y estar como se «debe» ser y estar, para no ser excluidas. Eso no significa que estemos de acuerdo, que nos sintamos cómodas como la que aprende que 2+2 son 4, o que no tengamos conflictos. Muy al contrario: son tantas las cosas que no debemos hacer y decir —y que sí debemos hacer y decir—, y tan sutiles, que es muy difícil —por no decir imposible— no sentirte fuera de lugar, contrariada, enfadada, confundida o herida en muchos momentos a lo largo de tu vida.

Hay mensajes constantes desde que naces sobre cómo tenemos que comportarnos, expresarnos, proceder y hasta sentir, pero quizás, desde fuera y a simple vista, lo que más fácil se perciba es cómo parte de esos mensajes nos afectan en nuestro cuerpo y nuestro aspecto: dietas eternas, liposucciones para eliminar lo que «sobra», bótox y silicona para poner donde «falta», el llamado «rejuvenecimiento facial», que es un compendio de diferentes cirugías en el rostro y en el cuello, y por supuesto es una de las cirugías más practicadas. Y sí, claro, solo sobre rostro y cuello, que es la parte de la piel que se nos ve.

«SECRETOS» DE BELLEZA

Que una mujer se someta a cualquier cirugía plástica a día de hoy nos parece algo normal, lógico; ¿quién no conoce a alguien que ha pasado por alguna operación estética? Pero no deja de tratarse de mujeres que entran voluntariamente en un quirófano para modificar su cuerpo. Debemos sentirnos mal muchas veces delante del espejo, incómodas mirándonos en fotos, violentas hablando en público, inseguras si nos miran justo ahí, para tomar una decisión así. No hablamos de aplicarnos una crema, hablamos de aplicarnos anestesia y dejarnos cortar.

Solo un porcentaje de nosotras acaba en un quirófano, pero muy pocas escapan a la dictadura de los tintes constantes para disimular las canas —prueba irrefutable de que empiezas a envejecer— o a los brillos para que tus labios parezcan más llenos, o a las mascarillas que hacen que tus pestañas sean más largas, o al lápiz que agranda tus ojos o a los productos para que tus dientes estén más blancos, o a las cremas que consiguen que tu piel sea más uniforme o… quien más y quien menos acaba usando productos para «mejorar». Hay revistas, programas y hasta canales de YouTube dedicados íntegramente a enseñarte «trucos de belleza». «Trucos», porque desde luego es lo que son: métodos para parecer lo que no es ni nunca será. Aunque creo que casi lo prefiero a «secretos de belleza». ¿Cuántas veces habéis visto preguntarle a la famosa de turno: «¿Cuál es tu secreto para estar así?». Claro, son secretos: si fueran vox pópuli y todas los conocieran, ¿cómo destaco yo sobre todas las demás? Porque, paralelamente a todo esto, la sociedad también nos inculca que las mujeres, por defecto, somos enemigas. Nunca sentimos que tengamos que competir con hombres, ni en lo laboral ni en ningún otro ámbito.

La respuesta a la pregunta «¿Cuál es tu secreto para estar así?» nunca falla: «Buena alimentación y mucho deporte». Porque esa es otra: no solo te tienes que preocupar de estar perfecta y usar para ello todo el arsenal que esté a tu disposición, sino que además tienes que ingeniártelas para que los pechos turgentes, las pestañas rizadas, el cutis fantástico y el retraso de la vejez parezca cosa de genes. Que nadie pueda sospechar que todo lo que ven no es obra de la naturaleza sino de dos mil «trucos», productos y accesorios.

Tenemos desde sujetadores con *push-up* hasta tacones imposibles —al parecer la pierna se estiliza mucho más con los tacones, da igual el daño o la incomodidad, y si lo dicen los cánones patriarcales, aquí no hay más que hablar—. También tenemos mallas con *push-up*, porque no solo hay que levantar el pecho, también el culo. Pero cuidado, porque si tienes «demasiado» pecho, puedes parecer más gorda de lo que eres, así que, en ese caso, lo mejor es un sujetador reductor.

También están los estampados adecuados a tu anatomía, y con esto queremos decir: para disimular tu verdadera anatomía. Las rayas verticales o el negro si estás rellenita, los colores oscuros sin estampados de ningún tipo si estás gorda, pero muy variados en faldas y pantalones si tienes las caderas estrechas, colores vivos y escote en pico si tienes poco pecho, nada de tops con vuelos si tienes las caderas estrechas... y así hasta la extenuación.

Debes estar perfecta porque, de no estarlo, tienes menos opciones para lo que de verdad importa: enamorar a un hombre.

Y para convencerte de que lo que quieres de verdad es estar mona para encontrar pareja, vivir una historia de amor épica, tener niños y ser feliz, no solo te bombardea la sociedad, los medios y la publicidad, sino también otras mujeres. Pueden ser desde tu madre hasta tus amigas, pasando por ti misma, que ya hace tiempo que lo crees a pies juntillas.

Muchas veces me he topado con hombres que aseguran que la culpa del machismo la tienen, cómo no, las mujeres, ya que son las que educan. Es increíble la capacidad que tenemos las mujeres para tener la culpa de todo, somos las destroza-hogares, somos las «locas», somos las que alejamos a nuestros novios de sus amigos, somos las malas de Disney, somos las desalmadas que ponemos denuncias falsas…, porque por muy malo que pueda ser un hombre, nunca llegará al nivel de maldad de una mujer mala. Al igual que es mucho peor ser mala madre que ser mal padre.

Y nosotras acabamos creyéndolo también. Y así seguimos colaborando con el machismo: cuando criticamos con más fiereza a una mujer, cuando un error nos parece inaceptable si es de una mujer pero lo justificamos si viene de un hombre, cuando no somos conscientes de que ese trato diferenciado también lo acabamos sufriendo nosotras mismas muchas veces a lo largo de nuestras vidas.

Cuando se espera de una mujer que tenga amor incondicional por sus hijos y que no pierda nunca los nervios, que sea sumisa pero no tonta, que sea discreta pero que alegre la vista (incluso se nos permite ser llamativas pero sin caer en la «vulgaridad»), que brille pero sin eclipsar al otro, que sea inteligente pero no se lo crea…, cuando se espera tanto de alguien, es fácil que, si falla, decepcione y hasta horrorice.

El problema es que nos acabamos decepcionando y horrorizando a nosotras mismas, ya que el juicio de la sociedad es fácil que acabe siendo el nuestro propio.

Y

La sororidad

La alienación a la que estamos sometidas desde pequeñas es muy difícil de eliminar. Por eso es vital para nosotras adquirir conciencia feminista, y adquirirla cuanto antes.

Decíamos antes que nos enseñan a competir entre nosotras, a vernos como enemigas. ¿Quién no ha oído alguna vez de una mujer frases como: «Yo siempre me he llevado mejor con los chicos» o «Prefiero un jefe a una jefa»? Y esta puede que sea la mayor victoria del patriarcado: no solo nos tienen desunidas sino en contra unas de otras. Nos enseñan a vernos como rivales y competidoras.

Por el lado de los hombres, la frase más socorrida es: «Las mujeres son muy malas entre ellas»; suele venir con un encogimiento de hombros. Dando a entender que qué van a hacer ellos si somos nosotras las más crueles incluso entre nosotras mismas.

Por eso necesitamos feminismo, porque con él viene la sororidad. Marcela Lagarde la describió así:

> Es una experiencia de las mujeres que conduce a la búsqueda de relaciones positivas y a la alianza existencial y política, cuerpo a cuerpo, subjetividad a subjetividad, con otras mujeres, para contribuir con acciones específicas a la eliminación social de todas las formas de opresión y al apoyo mutuo para lograr el poderío genérico de todas y el empoderamiento vital de cada mujer [...] Sumar y crear vínculos. Asumir que cada una es un eslabón de encuentro con muchas otras y así de manera sin fin. El mecanismo más eficaz para lograrlo es dilucidar en qué estamos de acuerdo y discrepar con el respeto que le exigimos al mundo para nuestro género.

Y es imposible no acordarse de nuevo de la frase de

Simone de Beauvoir: «El opresor no sería tan fuerte si no tuviese cómplices entre los propios oprimidos».

La sororidad no solo se trata de no percibirnos como enemigas entre nosotras, sino de reconocernos como cómplices y como sujetos políticos que conviven dentro del mismo espectro. Con sororidad es más fácil luchar contra las opresiones que van unidas a nuestro género. No es solo que la sororidad sea tan necesaria como el feminismo en sí, sino que no se puede entender la una sin el otro; no son independientes.

Porque está claro que el día que las mujeres nos unamos, en el momento en que la solidaridad de género y la sororidad sean la norma, el patriarcado tiene los días contados. Y con él, todo lo demás, el iceberg de violencias contra la mujer se desintegraría. Pero nada de esto es posible sin feminismo: es el único movimiento que promueve y lucha por la liberación y la igualdad para las mujeres.

LAS OLAS FEMINISTAS

Desde la primera ola del movimiento hasta el día de hoy, el feminismo ha ido analizando el sistema de opresión y perfeccionando su argumentario, evolucionando de forma que todas estemos representadas.

Antes de la primera ola, las mujeres también alzaron la voz, pero como dice Nuria Varela en *Feminismo para principiantes:*

> Esas quejas y denuncias no se consideran feministas puesto que no cuestionaban el origen de esa subordinación femenina. Tampoco se había articulado siquiera un pensamiento destinado a recuperar los derechos arrebatados a las mujeres.

Porque el feminismo no es solo saber que eres la diana de muchas flechas por el hecho de ser mujer, sino ser consciente de cómo, por qué y quiénes te están lanzando esas flechas.

La primera ola del movimiento feminista, que nace en el siglo XVIII, durante la Ilustración, ya encuentra innumerables obstáculos para su desarrollo. Olympe de Gouges (1748-1793), una feminista muy relevante de este primer momento, redactó la Declaración de los Derechos de la Mujer y la Ciudadana, ya que los Derechos del Hombre y el Ciudadano, creados tras la Revolución Francesa, «olvidaron» a las mujeres.

El propio Jean-Jacques Rousseau es partícipe de esta invisibilización. A día de hoy, también en la izquierda más revolucionaria se suele oír la réplica: «Centrémonos en la lucha obrera». Esa concepción de que «Lo primero es lo primero», como si las luchas no fueran unidas, como si no se pudiera pelear por ambas causas a la vez, no es otra cosa que más machismo.

Dijo Amelia Valcárcel que el «feminismo es un hijo no querido de la Ilustración», pero lo cierto es que tampoco ningún movimiento posterior lo ha cuidado, apoyado o cultivado. Solo el propio feminismo se ocupa de la liberación de las mujeres, solo la lucha feminista apoya a la lucha feminista. Por eso el machismo no entiende de ideologías, porque absolutamente todas han estado y están lideradas por hombres.

De esta forma, es imprescindible que el feminismo esté siempre liderado por mujeres. Nadie mejor que nosotras sabe qué es sentir la opresión de ser mujer, un hombre nunca puede —ni debe querer— liderar o estar en primera fila en la lucha feminista, al igual que yo, como blanca, nunca intentaría liderar la lucha por la liberación de la comunidad negra o la pelea por la igualdad del colectivo LGBTI, ya que además de blanca, soy heterosexual.

Esta invisibilización del feminismo y de las mujeres es denunciada en la *Vindicación de los derechos de la mujer*, de Mary Wollstonecraft, a finales del siglo XVIII.

La escritora feminista Ana de Miguel (1984), reflexiona con atino sobre lo ocurrido con las mujeres durante la Revolución Francesa:

> Las mujeres de la Revolución Francesa observaron con estupor cómo el nuevo Estado revolucionario no encontraba contradicción alguna en pregonar a los cuatro vientos la igualdad universal y dejar sin derechos civiles y políticos a todas las mujeres.

Durante la primera ola, las mujeres que se hicieron con un mínimo de voz, por supuesto, fueron las más privilegiadas: las mujeres burguesas. Pero tras la abolición de la esclavitud, las mujeres negras y de clase obrera encontraron en las reclamaciones de ese feminismo burgués grandes incompatibilidades con sus propias necesidades causadas por otras opresiones que las mujeres burguesas no tenían.

Aquí debemos destacar a Sojourner Truth (1797-1883), una importante abolicionista de la esclavitud y feminista negra. Truth nació ya esclava, y acabó huyendo a la edad de treinta años. Se convirtió en una figura relevante por su discurso «Ain't I a Woman?» [«¿No soy yo una mujer?»], de 1851:

> Los caballeros dicen que las mujeres necesitan ayuda para subir a las carretas y para pasar sobre los huecos en la calle y que deben tener el mejor puesto en todas partes. ¡Pero a mí nadie nunca me ha ayudado a subir a las carretas o a saltar

charcos de lodo o me ha dado el mejor puesto! y ¿acaso no soy una mujer? ¡Mírenme! ¡Miren mis brazos! ¡He arado y sembrado y trabajado en los establos, y ningún hombre lo hizo nunca mejor que yo! Y ¿acaso no soy una mujer? Puedo trabajar y comer tanto como un hombre si es que consigo alimento ¡y puedo aguantar el latigazo también! Y ¿acaso no soy una mujer? Parí trece hijos y vi cómo todos fueron vendidos como esclavos; cuando gritaba con el dolor de mi madre nadie, excepto Jesucristo, me escuchó, y ¿acaso no soy una mujer?

Consiguió huir con una de sus hijas de la esclavitud y se convirtió en la primera mujer en ganar un juicio contra un blanco, consiguiendo así recuperar a otro de sus trece hijos.

En su discurso, pronunciado en una conferencia de mujeres en Ohio en 1851, Sojourner dejaba constancia de las diferencias que había entre las experiencias de las mujeres en función de su etnia, reivindicando que no solo era discriminada por mujer, sino también por negra.

También tuvieron relevancia durante la primera ola las sufragistas londinenses, con la conservadora Emmeline Pankhurst como cara más visible.

¿Feminismo de derechas y capitalista?

Aquí hay que reflexionar sobre lo acertado de un feminismo conservador o de derechas. ¿Puede la derecha ser feminista? Mi opinión es que no tiene el más mínimo sentido.

Beatriz Gimeno (1962), una de las feministas más relevantes de nuestro país, afirmaba hace unos años en un artículo de *El Plural* que «el feminismo no es una condición natural de las mujeres que están en política o que ocupan un puesto de trabajo. El feminismo es una teoría crítica, es un movimiento social y político, es una ética, es un paradigma ideológico con unos mínimos normativos fuera de los cuales no se puede ser feminista [...] Cospedal, Sarah Palin, Esperanza Aguirre, Margaret Thatcher y todas esas mujeres de derechas no son feministas porque, por muy mujeres que sean, sus políticas van a empeorar dramáticamente la suerte de la mayoría de las mujeres. Eso es incompatible con el feminismo. Así que no se puede ser feminista y de derechas».

Puedes pensar que hay muchas formas de ser de derechas: de derechas y laico, de derechas y republicano, de derechas y antiliberal..., pero lo que tiene en común todo ese espectro es el individualismo y la importancia del capital. Mientras que la izquierda promueve la propiedad pública, la derecha apuesta por la propiedad privada; mientras que la izquierda cree en la comunidad, la derecha lo hace en el individualismo; mientras que la izquierda pelea por el reparto de la riqueza, la derecha insiste en la acumulación de riquezas a través de la libre competitividad.

La derecha y el capitalismo han vejado la palabra «libertad», porque la «libre» competitividad no es más que permitir que los precios del mercado se acuerden «libremente» entre el vendedor y el comprador. El «libre mercado» es el eufemismo perfecto para reclamar: «Dejad que el primer mundo explote al tercero». No es libertad porque un vendedor de Bangladés no es libre de negociar legítimamente un precio con un comprador del primer mundo, sobre todo porque este último no está presionado por cubrir sus necesidades básicas como el primero, y su preocupación es cómo conseguir el mayor margen de beneficio. Cuando unas de las dos partes negocia para sobrevivir y la otra para acumular más riquezas, no hay duda de que se establece una relación de poder que produce abusos de todo tipo pero ni muchísimo menos algo parecido a la libertad. Y esto es lo que entiende la derecha por libre mercado.

Esta forma de entender la economía (y la vida) es antagónica con el feminismo, cuya verdadera meta es la igualdad. La libertad que busca la derecha es la suya propia, la individual, no la colectiva. Y es incompatible con la lucha feminista porque esa libertad la consiguen solo para ellos y en detrimento de las personas oprimidas. Pero es que el capitalismo no solo fomenta que la brecha de clases aumente, enriqueciendo de esta forma más a los ricos y empobreciendo aún más a los pobres sino que, dentro de esa misma estructura, oprime con más vehemencia a la mujer, que es siempre la más pobre entre los pobres. Porque hasta dentro de la miseria hay clases: la feminización de la pobreza es un hecho. Naciones Unidas reconoció en 2009 que «las crisis financieras y económicas» tenían «efectos particulares sobre las cuestiones de género y constituían una carga desproporcionada para las mujeres, en particular las mujeres pobres, migrantes y pertenecientes a minorías».

Flora Tristán decía que «hasta el hombre más oprimido encuentra a alguien a quien oprimir: su mujer. La mujer es la proletaria del proletariado».

Y aquí no podemos dejar de recordar cómo opera siempre la interseccionalidad.

El capitalismo, por los mismos motivos, tampoco es compatible con el feminismo. Si además añadimos que es un sistema que usa el cuerpo de la mujer para que reproduzca, críe y cuide a nuevos engranajes que ir insertando en la maquinaria capitalista, parece obvio que puede ser cualquier cosa menos feminista. Y es que, a pesar de que las mujeres tienen un trabajo determinado y elemental para que el sistema capitalista funcione —parir nuevos trabajadores—, no es un trabajo asalariado ni reconocido como tal. Además, nosotras, en sociedades capitalistas, al dedicarnos exclusivamente a la crianza y cuidados del hogar y la familia, caemos en una inevitable dependencia económica del hombre, que es el que realiza el trabajo visible y remunerado.

Silvia Federici (1942) escribió sobre el feminismo y el capitalismo en su libro *Calibán y la bruja*:

> En la sociedad capitalista, el cuerpo es para las mujeres lo que la fábrica es para los trabajadores asalariados varones: el principal terreno de su explotación y resistencia, en la medida en que el cuerpo femenino ha sido apropiado por el Estado y los hombres, forzado a funcionar como un medio para la reproducción y la acumulación de trabajo.

La segunda ola feminista comienza en la década de los sesenta en Estados Unidos y durará casi veinte años.

Se diferencia de la primera ola en sus objetivos: mientras que las primeras feministas se centraron en reivindicar que sus aptitudes e inteligencia eran iguales a las de los hombres y a reclamar los derechos civiles que les habían sido arrebatados, la segunda ola se centró en el sufragio femenino, y en la igualdad de facto, no solo en lo escrito sobre el papel.

Además, se ocupó de otras cuestiones como la sexualidad, el papel de la mujer dentro de la familia, la mujer como trabajadora y los derechos en la reproducción.

La segunda ola es más heterogénea, ya no son solo

mujeres blancas burguesas sino de todas las clases sociales y etnias, y cuestionan desde la natalidad, la cual ya controlan, hasta la vestimenta que les está adjudicada (se desprenden de los sujetadores, se deshacen del puritanismo de las faldas por debajo de la rodilla, etcétera), pero sobre todo, reclaman el sufragio universal y el derecho a poder cursar también la educación superior.

Piden que no se les deniegue el acceso a determinadas profesiones solo por su género. Y también reclaman que las condiciones laborales y los derechos y los deberes matrimoniales sean los mismos que los de los hombres.

Es la segunda ola la que pone de relieve la importancia de visibilizar la violencia de género y las violaciones dentro del matrimonio, las cuales no estaban siquiera reconocidas por la ley como delitos. Un marido no podía violar a su mujer, ya que era su mujer y el sexo nunca podía ser motivo de denuncia. Que la forzara y la obligara a mantener relaciones no era considerado violación porque la mujer le pertenecía.

El activismo de la tercera ola comienza en los noventa y se rebela contra la concepción de la mujer como objeto sexual. La escritora Naomi Wolf (1962), describe en *The beauty myth [El mito de la belleza]* cómo el cuerpo de la mujer es usado como herramienta de control, convirtiéndose en una de las referentes de esta ola. En su libro, Wolf explica cómo el patriarcado es quien determina qué es o no belleza, de manera que él mismo se fortalece y perpetúa.

El patriarcado se hace fuerte si tiene a las mujeres ocupadas y preocupadas por su cuerpo, concentradas en obtener un ideal de belleza que a efectos prácticos es inalcanzable. El tiempo y esfuerzo que dedicamos a estos asuntos es tiempo y esfuerzo que no estamos dedicando a cuestionar por qué se nos va la vida en cultivar más nuestro exterior que nuestro interior, pero por encima de todo: es tiempo y esfuerzo que no estamos dedicando a poner en cuestión quién, por qué y para qué nos insiste en la necesidad de alcanzar ese ideal.

Como dijo Wolf:

> Una cultura obsesionada con la delgadez femenina no está obsesionada con la belleza de las mujeres, está obsesionada con la obediencia de estas. La dieta es el sedante político más potente en la historia de las mujeres: una población tranquilamente loca es una población dócil.

No es de extrañar, con esta obsesión por la delgadez, que la relación que las mujeres acabamos desarrollando con la comida se convierta en una relación de amor-odio. Caitlin Moran (1975), escritora feminista de Reino Unido, escribió al respecto en *How to be a woman* [*Cómo ser mujer*]:

> Comer compulsivamente es la adicción que tienen las personas que tienen que cuidar de otros, y ese es el motivo de que se considere una adicción de menor rango. Es una manera de joderte a ti misma mientras te mantienes completamente operativa. La gente gorda no se permite el «lujo» de que su adicción los convierta en alguien inútil, caótico, o en una carga. En vez de eso, se autodestruyen poco a poco sin molestar a nadie. Y esto explica que sea con tanta frecuencia una adicción elegida por las mujeres. Todas las mamás que comen sin hacer ruido. Todos los Kit Kats en el cajón de la oficina. Todos los momentos de infidelidad, a altas horas de la noche, captados solo por la luz de la nevera.

A veces me pregunto si solo nos tomaremos en serio los trastornos alimenticios el día que tengan el mismo glamur perverso del rock and roll que caracteriza al resto de adicciones. Quizá haya llegado el momento de que las mujeres, al fin, dejen de ser tan reservadas con sus vicios y empiecen a tratarlos como los demás adictos tratan los suyos.

En la tercera ola surgen también corrientes con una clara intención de «corregir» aspectos de la segunda ola, como la abolición de la prostitución o la visión positivista del sexo.

Si hay un tema en el que parece que el feminismo jamás se pondrá de acuerdo, ese es el de la prostitución. ¿Abolición o regulación? Mientras que las abolicionistas ven en la prostitución la mayor expresión del patriarcado, las regulacionistas se centran para defenderla o bien en que esta actividad es la única forma de vida que tienen millones de mujeres en el mundo para subsistir, o bien en que no se puede prohibir que las mujeres decidan sobre sus cuerpos. Lo cierto es que esta última concepción del ejercicio de la prostitución viene a ser más liberalismo del que hablábamos en el primer capítulo: ¿es libre una persona de Bangladés de decidir el precio que pone a sus productos ante un comprador del primer mundo teniendo en cuenta las necesidades del primero y las metas del segundo? ¿Es libre una mujer de decidir sobre su cuerpo cuando prostituirlo es la única forma de cubrir sus necesidades básicas? Obviamente no.

Beatriz Gimeno, una de las defensoras de la abolición más relevantes de nuestro país, escribió en 2012:

Nunca he podido entender cómo es posible que uno de los ejemplos más claros de mercantilización del ser humano pudiera ser defendido por personas que se dicen profundamente anticapitalistas, ni entiendo tampoco cómo es posible que uno de los negocios más lucrativos del mundo y más explotadores, uno de los que genera más dinero a las mafias, no sea ardorosamente atacado por personas que se dicen de izquierdas. También me cuesta entender cómo una institución creada por el patriarcado como uno de sus pilares, una institución que juega un papel fundamental en determinada construcción sexual y de los géneros, ha terminado siendo defendida por feministas.[7]

7 . Véase https://saramagofanzine.wordpress.com/category/09 -una-lectura-queer-de-la-prostitucion/.

PASO 6

Fase: depresión

«Yo no quiero ser machista,
si hasta creía que odiaba el machismo.»

$\mathcal{M}$uchos hombres acaban aceptando como un hecho irrefutable la existencia del patriarcado y cómo este ejerce violencia y discrimina a las mujeres (espero que a estas alturas también sea tu caso). Entonces acaban en una inevitable y doble reflexión: «¿Cómo estoy yo fomentando el machismo?» o «Como hombre, ¿qué debo hacer o no hacer para luchar contra él?».

Solo hay un camino, y este es el de la lucha feminista.

EL ALIADO FEMINISTA

Convertirte en un aliado feminista pasa necesariamente por ser consciente de la sobrerrepresentación masculina en todos los ámbitos de la vida, es decir: saber que tú, como hombre, estás sobrerrepresentado. Y debes entender y aceptar que ese «sobre-» hace que las mujeres estemos infrarrepresentadas.

En este sentido, los hombres pueden fomentar la situación activamente, esto es: dando espacio a otros hombres, usando su situación de privilegio para dar visibilidad a otras figuras masculinas, ascender a otros hombres o confiar más en ellos que en ellas para cualquier tipo de empresa (no relacionada, claro, con los cuidados o las tareas domésticas).

¿Cómo participas pasivamente, como hombre, del machismo en la sociedad? Aprovechando esa representación y esos espacios y no cuestionándolos. No cambias nada si no eres consciente de nuestra nula representación, porque si no la ves ni te interesas por verla, nunca cederás momentos ni lugares que te están predeterminados por ser hombre para que seamos nosotras quienes hablemos, estemos, decidamos.

Y no estoy diciendo que nuestra lucha dependa de que vosotros nos dejéis, sino de que será más fácil que alcancemos nuestros objetivos con empatía en el bando que nos pone la zancadilla. Porque tu género es escuchado, respetado, aplaudido y vitoreado en espacios donde rara vez hay igualdad de géneros, y si tenemos aliados feministas donde nunca hay mujeres, nos estarás dando un respiro dentro de un mundo que nos asfixia, porque el mundo, no te quepa duda, es un lugar hecho para vosotros que ahoga nuestra voz y a nosotras mismas.

LA MEDICINA GIRANDO ALREDEDOR DEL PENE

¿Qué consecuencias tiene que las mujeres estemos infrarrepresentadas? Más de las que crees.

Históricamente, además de todo lo visto hasta ahora, también se nos ha prohibido desde estudiar hasta dedicarnos a la investigación. Es obvio que con este escenario, campos como el de la medicina o el de la psicología han dejado mucho que desear para con nuestros cuerpos y enfermedades únicamente femeninas, y como muchos otros campos, han acabado siendo inevitablemente androcentristas. Ellos estudiaban y ellos investigaban, así que usaban como modelo y base el cuerpo masculino, ignorando que, ¡sorpresa!, no somos iguales en lo físico. Se explica así a la perfección que durante siglos se nos haya medicado para una enfermedad inventada como es la «histeria». Reunieron todo lo que no entendían de nosotras y le pusieron el nombre de uno de nuestros órganos («histeria» viene del griego *hystear*, 'útero'). ¿Qué podía salir mal, verdad? A día de hoy aún se usa como insulto contra nosotras.

María Ptqk (1976), productora cultural y feminista española, describió en la revista *Píkara Magazine*, cómo se ideó y trató la histeria:

La histeria, como enfermedad paradigmática que reúne todos los males de la primera mujer moderna, funcionará durante mucho tiempo como un dique de contención para evitar comprender la verdadera naturaleza del placer femenino.

El hecho de que el orgasmo no coital y la crisis histérica se manifestaran de la misma manera —gemidos, contracciones uterinas, espasmos musculares, secreción de fluidos vaginales, etcétera— no ponía en cuestión ni el concepto de histeria ni la idea que se tenía sobre el orgasmo de las mujeres sino que, por el contrario, servía para reforzar el argumento de que todas las formas de placer que no tuvieran su origen en la penetración (y habría que añadir: heterosexual) eran el síntoma de una patología.

La teorización de la histeria alcanzó su cénit con la obra de Freud que, reforzando esta idea, distinguió entre dos tipos de orgasmo: el vaginal, considerado como natural y propio de mujeres sanas y maduras, y el clitoridiano, característico de las inmaduras y las desviadas. La innovación de Freud consistió en señalar que este otro tipo de orgasmo

—clitoridiano o histérico— no obedecía a causas fisiológicas, como se creía hasta entonces, sino de orden mental.

La histeria se trataba con masajes vulvares, pero no se relacionaba el alivio de las mujeres a las que se les practicaba con el placer o el orgasmo, porque ¿dónde dejaría eso la virilidad de los hombres?, ¿dónde la suma importancia del pene y de la penetración?

Así lo explica María Ptqk en el mismo artículo, titulado «Histeria, vibradores y la mística del pene duro»:

> ¿Cómo es posible que estos científicos, que se presume eran hombres de su tiempo, no identificaran esos síntomas con el orgasmo femenino? Seguramente porque no estaban en condiciones de asumir lo que eso significaba.
>
> El éxito terapéutico del vibrador parecía sugerir que las mujeres anorgásmicas (que no tenían orgasmos con sus maridos) en realidad no lo eran puesto que con los masajes sí que los tenían.
>
> De confirmarse esta hipótesis, había que aceptar que la relación entre el placer de las mujeres y la penetración coital era cuando menos dudosa y que todas las teorías sobre la sexualidad femenina formuladas desde Hipócrates eran un error.
>
> O dicho de otro modo: que el pene nunca volvería a ser lo mismo.[8]

Pero el androcentrismo no queda en el pasado de la medicina. A día de hoy, millones de mujeres en todo el

8. Véase http://www.pikaramagazine.com/2010/12/histeria-vibradores-y-la-mistica-del-pene-duro-la-ciencia-nego-durante-siglos-la-importancia-del-clitoris-y-patologizo-el-orgasmo-femenino/#sthash.2mKvJIxD.dpuf.

mundo sufren las consecuencias en sus cuerpos de la medicina androcentrista. En *El encarnizamiento médico con las mujeres,* de la doctora Mercedes Pérez-Fernández y el doctor Juan Gervás, se describen cincuenta intervenciones sanitarias excesivas sobre mujeres en nuestro país, que no son más que ejemplos de prácticas comunes. Por ejemplo, en el caso del vientre femenino, ese gran desconocido, claro, porque el nuestro es diferente al de ellos:

> El riesgo de padecer apendicitis es mayor en los varones (un 9 por ciento) que en las mujeres (7 por ciento), pero, sin embargo, las operaciones para extirpar el apéndice infectado, las apendicectomías, han sido casi siempre el doble en las mujeres (24 por ciento) que en los varones (12 por ciento). ¿Por qué ha ocurrido esto? Entre otras razones, por la distinta anatomía abdominal femenina, que incluye los ovarios, el útero y las trompas de Falopio. También por la falta de adecuación de la respuesta profesional a las vivencias femeninas del cuerpo y sus cambios, que en este caso significa la mayor frecuencia de dolor funcional en niñas y adolescentes.[9]

Para ilustrarlo, la autora y el autor de este libro ponen de ejemplo el caso de Mariola, una niña de diez años que lleva tres días sufriendo dolores abdominales que le van y le vienen. En Urgencias la ingresan de inmediato y la operan de apendicitis. Cuando los padres de Mariola hablan con el cirujano, este les informa de que el apéndice era normal. Ese mismo día Mariola tiene su primera regla.

También sufrimos sobremedicación por ser mujeres.

---

9. *El encarnizamiento médico con las mujeres,* p. 30.

Píkara Magazine recogió la reflexión de Carme Valls, doctora en Medicina y Cirugía:

> La brecha de género se siente en una falta de diagnóstico de los problemas reales que padecen las mujeres. Son sedadas a base de pastillas y así pierden recursos para conseguir una mejor autonomía personal.

En el mismo artículo, Cristina Polo, psiquiatra y coordinadora del centro de salud mental de Hortaleza (Madrid) y especialista en Salud mental y Género que coordina la sección de Género en el grupo de Derechos Humanos de la Asociación Española de Neuropsiquiatría, informaba de que «en atención primaria numerosos estudios muestran cómo ante los mismos síntomas físicos se prescribe a las mujeres más tratamientos ansiolíticos y antidepresivos y a los hombres se les realizan más pruebas físicas».[10]

Esta es solo una de las consecuencias de la falta de representación de las mujeres.

NOS CREÍMOS LO DE LA MERITOCRACIA

La presencia igualitaria de ambos géneros es algo que todo aliado feminista tiene que defender. Sin excusas.

No hay razón alguna para que en cualquier ámbito, desde una cúpula directiva o Gobierno hasta la plantilla de una empresa, no haya igual número de mujeres que de hombres. Tenemos que estar, sin más, porque somos

10. Véase http://www.pikaramagazine.com/2013/04/%c2%b flocas/.

la mitad de la sociedad y nos necesitamos a nosotras mismas, no hay argumento que valide la sobrerrepresentación masculina, y quien intente dar motivos distintos al machismo estará participando de él.

El feminismo está harto de escuchar la frase: «Prefiero que haya hombres competentes en las instituciones a que haya mujeres solo por ser mujeres». O el manido: «A mí lo que me importa es que sean buenos, me da igual si son hombres o mujeres, me importan las personas».

Hablar en estos términos es ignorar lo que ha estado pasando hasta ahora: mujeres competentes y preparadas no han tenido las mismas oportunidades que ellos para desempeñar actividades en todos los ámbitos. Es obviar que hasta el día de hoy, entre todos esos millones de hombres que han copado un espacio que nos correspondía por derecho, también ha habido, hay y habrá incompetentes. Decir que prefieres hombres competentes a mujeres solo por ser mujeres es dar por hecho que las que ocupen esos cargos o funciones no estarán preparadas y se les regalarán solo por su género. Al creer que instaurar un sistema de cuotas de equidad conseguirá que las organizaciones e instituciones se llenen de incompetentes, se está dando por hecho que el cincuenta por ciento de mujeres que ocuparan cargos no estarían preparadas y, a su vez, se está dando por cierto que la gran mayoría de los hombres que los ocupan actualmente son todos grandes profesionales.

Diciendo esto se está poniendo, una vez más, peros a unas medidas de discriminación positiva que necesitan los sectores de la población más desfavorecidos. Y es que la discriminación positiva, por definición, no es más que la aplicación de políticas públicas para que las diferencias culturales de los grupos minoritarios o los sectores discriminados tengan menos obstáculos para conseguir los propósitos que al resto de la sociedad no le cuesta más que su propio esfuerzo personal. El objetivo de la discriminación positiva no es otro que el de una sociedad más justa. Porque incompetentes habrá siempre y en todos sitios, los mecanismos para acabar con ellos son otros, no los que discriminan por género. Esto no va de competencia, va de la consecución de la igualdad de género de la que solo nosotras no disfrutamos.

Al argumento falaz de la mal llamada «meritocracia» suele ir unido el mensaje liberal de que lo que se necesita para tener representación y éxito es talento y esfuerzo. Esta fórmula para acabar con la desigualdad de género es una trampa que ya usó el capitalismo para acabar con la lucha de clases, y que ahora regresa para acallar voces feministas que reclaman presencia femenina en todos los espacios.

Y si muchos se niegan a las cuotas, a las listas cremallera o a cualquier política que elimine los obstáculos que tenemos las mujeres en el mundo laboral, es porque ellos mismos sufrirían más competencia. Si dejamos que las mujeres sigan teniendo dependencia económica, si seguimos siendo en el imaginario colectivo la figura que ha de ocuparse de la crianza y de los cuidados de los hijos e hijas, si no hacemos nada por eliminar el techo de cristal y la brecha salarial, los hombres seguirán compitiendo por puestos y ascensos solo con la mitad de la población. Porque, volvemos a lo mismo, ¿dónde quedarían sus privilegios si desaparecen las desigualdades?

Convertirse en aliado feminista es desechar estos discursos o excusas cuando se habla de la nula representación femenina. Es entender que no radica en la meritocracia el hecho de que ellos gobiernen el mundo y nosotras vivamos como meras observadoras. Es aceptar que simplemente unos van corriendo sobre un terreno sin baches y otras con piedras en los bolsillos mientras saltan obstáculos.

Lo peor es que estos discursos y excusas no solo están en boca de quienes tienen los privilegios, los hombres, sino que han calado también en muchas mujeres, que lo han interiorizado de tal manera que se sienten culpables o avergonzadas si se les ofrecen medidas o leyes que las apoyen. Sienten que es injusto que se les hagan leyes a medida para la consecución de espacios, sin darse cuenta de que lo único que se pretende con ellas es conseguir allanarles un terreno que ellos ya tienen allanado solo por su género.

Un aliado del feminismo ha de tener presentes sus propias ventajas y ser sensible a las desventajas de sus compañeras.

Ha de saber analizar las situaciones que lo rodean, además de escucharlas a ellas, que al fin y al cabo son las que sufren la experiencia de la opresión.

Un aliado del feminismo no solo no debe ser un obstáculo, sino que no puede permanecer estático.

Un aliado feminista será siempre un apoyo para la lucha, y nunca pretenderá liderarla.

Además, un aliado feminista acaba, tarde o temprano, replanteándose cómo colabora con el machismo en su forma de consumir porno.

EL PORNO[11]

Este es un tema importante aunque pueda parecer inocuo. Incluso puede que hablar de que el porno es dañino

11. Barbijaputa, «Porno, izquierda y derecha», artículo publicado en *eldiario.es* el 25 de abril de 2016.

parezca reaccionario y propio de alguien muy católico, apostólico y romano.

Pero no, no es así, la oposición a la industria del porno, el movimiento antipornografía, no es ni de lejos propiedad de la derecha y su moral cristiana. En la década de los ochenta el movimiento antipornografía se alzó en los Estados Unidos. Libre de las ataduras «moralistas» de movimientos antipornografía anteriores, esta crítica no se basaba en la pureza del pensamiento o la lucha contra la degeneración: era un movimiento centrado en la liberación de las mujeres.

Feministas como Andrea Dworkin, Gloria Steinem o Catharine MacKinnon se atrevieron a alzar su voz y retratar a la industria del porno como lo que realmente es: la representación de la humillación de las mujeres para disfrute y placer de los hombres. «Pornografía» significa etimológicamente 'la representación de las putas', y entendieron que ninguna mujer podría ser libre mientras su clase fuese representada siendo violada, humillada y agredida en beneficio de las erecciones de los hombres. Pero los ochenta pasaron, y lo que ahora se considera progresista está influenciado por el liberalismo, y la primacía del individuo por encima de la clase.

El feminismo había luchado por revelar la naturaleza política del sexo (es decir, que no es meramente un acto físico, sino que tiene consecuencias importantes en nuestra visión de la sociedad y de los demás), pero ahora el individuo ha pasado a ser el centro de la cuestión.

Los debates se centran en el consentimiento de la práctica, y no en el análisis de la misma, que se ha dejado de lado. La humillación ya no es algo material y objetivo, sino que se encuentra en los ojos de quien la padece. Una escena no es humillante a menos que tú la interpretes como una humillación. Y basándonos en esto, entonces, es difícil decir que algo es humillante. Es decir, si una mujer accede a ser humillada, golpeada y atada, no hay nada de malo, porque ella ha consentido. Lo que consienta cada uno en su habitación es la elección de cada uno, ahí sí es defendible el individualismo (aunque plantea preguntas como por qué siente alguien excitación con la humillación, pero ese es otro tema). Pero cuando se trata de una escena que verán millones de personas, muchas, muchísimas de ellas aún formándose (¿cuántos adolescentes que son vírgenes hay en todo el mundo conformando su deseo en base a lo que conocen de él: el sexo que encuentran en Internet?), no nos debería valer con el hecho de que la protagonista lo haya consentido. Y esto es extrapolable a muchas otras cuestiones.

Ante esta disyuntiva, existen dos posturas enfrentadas: si hay consenso es bueno *versus* aunque haya consenso es perjudicial y perpetúa roles patriarcales.

Deberíamos preguntarnos qué sabemos sobre el porno. O más importante, qué sabemos de la sociedad que lo consume y lo produce.

Sabemos que el porno es una industria multimillonaria, producida y consumida principalmente por hombres heterosexuales.

Sabemos que la inmensa mayoría de los hombres la consume de forma habitual a partir de la adolescencia.

Sabemos que millones de adolescentes son educados por Internet antes que por sus padres en cuanto a sexualidad se refiere. Y lo que aprenden es básicamente lo que está representado: escenas misóginas donde el hombre siempre tiene poder sobre la mujer, donde la mujer es un mero objeto que está ahí para que el hombre llegue al orgasmo. Una vez que el hombre se corre, se acabó la escena.

Sabemos que cuando estos adolescentes y hombres consumen pornografía, los términos que más buscan son «adolescentes», «lesbianas», «hermanastra», etcétera, y términos como «facial» y «violación» son tan recurrentes que tienen su propia categoría en muchas de estas páginas, e incluso páginas especializadas en vídeos sobre esos temas.

Sabemos que «el 12 por ciento de internet es pornografía, 4,2 millones de sitios web, unas 28.000 personas mirando porno por segundo» (Caitlin Moran, *Cómo ser mujer*); es decir, que todas esas personas están viendo desde que son adolescentes (en la mayoría de los casos, mucho antes de que sus padres o profesores les hayan hablado del sexo) imágenes de mujeres a cuatro patas, de rodillas recibiendo la eyaculación de uno o varios hombres a la vez, y otras similares. Imágenes que, de una u otra forma, representan a la mujer como un recipiente que el hombre usa para darse placer. Misoginia, en resumidas cuentas.

¿Y qué sabemos de nuestra sociedad?

Sabemos que vivimos en lo que las feministas denominan «la cultura de la violación», una sociedad en la que los hombres se esmeran en ver hasta dónde pueden llevar a las mujeres, en comprobar qué son capaces de hacerles hacer. La mitificación del sexo anal es la prueba más evidente: es la fantasía de millones de hombres, y lo es precisamente porque muchísimas mujeres se niegan a practicarla, no porque esa penetración difiera mucho de la otra.

Sabemos que las mujeres son también cosificadas e hipersexualizadas en todos los ámbitos: publicidad, programas de televisión, superproducciones de Hollywood, etcétera.

Sabemos que la violencia contra las mujeres en nuestra sociedad está ya considerada por la OMS como una pandemia.

Y sabemos que existe un problema de género que va desde no encabezar jamás un Gobierno a ser víctima de violencia y malos tratos, pasando por el acoso callejero, las violaciones y demás vejaciones.

Pero volvamos al porno. De acuerdo a los términos más buscados, la pornografía más consumida es aquella que rompe los límites que las propias mujeres establecen: relaciones sexuales con chicas jóvenes sobre las que existe una relación de poder, prácticas de humillación que las mujeres no suelen consentir, y el fruto prohibido, las mujeres que jamás podrán tener: las mujeres lesbianas (el *top* 1 de las búsquedas sobre porno).

¿Qué relación existe entre el porno que consumen los hombres y el comportamiento de los hombres? ¿El arte imita a la vida o la vida imita al arte? La respuesta que cada persona da a esta última pregunta suele ser clave en la postura que adopta frente al porno.

Quienes defienden la actual pornografía (y entre estas personas hay muchas que se consideran progresistas) suelen argumentar que el arte imita a la vida. Sí, el porno es machista, pero machista es la sociedad. Cambiando la sociedad, cambiará el tipo de porno que esta consume. En definitiva, que la misoginia precede al porno, el porno no la causa ni la perpetúa.

Esta postura (claramente liberal, puesto que defiende que el mercado se autorregula para satisfacer la demanda) tiene algo de cierta. Sí, solo una sociedad profundamente misógina podría haber creado una industria multimillonaria basada en la humillación; sin duda, la pornografía no precede a la misoginia. Pero ¿es eso importante para el debate? Parece claro que el imperialismo precede a los *sweat shops* (talleres del Tercer Mundo donde hacinan y explotan a trabajadores) y que la esclavitud (la cristalización más brutal del racismo) precedió al Ku Klux Klan en Estados Unidos. Sí, claro. Pero la clave no es qué vino antes, sino qué actitudes perpetúan y fomentan determinados hechos. El racismo concibió los linchamientos, y los linchamientos son racismo. El imperialismo metió a millones de personas a producir para nosotros en condiciones infrahumanas, y esa explotación es imperialismo. La misoginia concibió el porno, y el porno es misoginia. Por lo tanto, el porno perpetúa la misoginia. No se puede luchar contra una sin luchar contra el otro.

Ninguna deseamos que se nos meta en la cama nadie a quien no queremos, como se metió la Iglesia en las camas de nuestros padres, y precisamente por eso no debemos obviar que otra institución lleva metida en la cama con nosotras desde el principio: el porno. El porno moldea el deseo masculino, la percepción de la sexualidad femenina, y pasa horas influyéndonos a nosotras y a las personas con las que nos relacionamos. ¿Se puede reformar el porno? En el feminismo también hay debate en torno a esta cuestión.

En mi opinión, sí que se puede cambiar. Si el feminismo entrara en tromba en la industria pornográfica, sin escenas con relaciones de poder, sin imágenes de mujeres siendo humilladas sistemáticamente, no solo aumentaría el número de mujeres que ven porno (una de las mayores web de porno ha realizado un estudio sobre qué ven las mujeres de todo el planeta: más de la mitad eligen el porno lésbico, allí donde no hay hombres, ni escenas como las descritas, curiosamente), sino que dejaría, antes o después, a la actual pornografía a la altura de las películas de Pajares y Esteso. Rancias, obsoletas, irreproducibles. Pero, claro, para que el feminismo entrara en tromba en el porno, ese porno debería generar dinero, y a día de hoy, lo único que genera el feminismo son comentarios violentos y agresivos en los artículos feministas, luego es la pescadilla que se muerde la cola.

De momento, el porno feminista que existe, aunque es muy pequeño, se ha consolidado. Eso no cambiará los gustos de un día para otro en aquellos que teclean «violación» al buscar porno, pero sí abre un nuevo frente y es un porno que consigue no herir la sensibilidad de muchas personas. Pero como todo, el porno también es interseccional, y ni eliminando el actual porno se acabará la misoginia, ni introduciendo nuevas perspectivas al porno se conseguirá cambiarlo por completo.

En resumen, Juan Manuel de Prada se equivoca al referirse a la pornografía como la expresión de los instintos, al hablar del naturalismo, pero en nuestra reacción no podemos obviar que, como dijo Brecht, el arte no es un espejo para reflejar la realidad, sino un martillo para darle forma.

Y la forma que le da el porno a nuestra sociedad es una forma grotesca, de abuso y humillación, de explotación y de falta de respeto absoluto por los límites de las mujeres.

Nadie nace queriendo ver porno de violaciones, se les educa para ello, y se les educa a través del propio porno. Si no podemos ver eso, si nos negamos a hablarlo y discutirlo, si nos empeñamos, en pos de no ser unas puritanas o unas estrechas, en tratar la pornografía como el culmen del progresismo, acabará cumpliéndose aquella cita de Dworkin de que el porno es el cementerio de elefantes al que la izquierda ha venido a morir.

Paso 7

«Siempre creí que el feminismo era lo contrario al machismo y ahora resulta que es la solución.»

*P*or esto y por otras cuestiones, en el feminismo, como en muchos aspectos de la vida, conviene replantearse lo que hemos aprendido sin cuestionarlo. En un mundo que no funciona demasiado bien, está claro que hemos debido ir asimilando como verdades demasiadas ideas y conceptos que no lo son. El machismo es solo una de ellas.

Antes hemos hablado de lo infrarrepresentadas que estamos las mujeres. Igual te estás preguntando que tú, al no ser jefe de ninguna empresa ni tener oportunidad de dar visibilidad a una mujer, poco puedes hacer por la lucha feminista. Error. Cada día, en cada espacio, puedes hacer mucho. No solo los directivos que acaban ascendiendo a otros hombres son los que perpetúan esta situación.

Hay tres términos que son el triángulo de la actitud machirula por excelencia: *manspreading, mansplaining* y *manterrupting.*

LA MISOGINIA DE LA RAE

Créeme que a mí me da la misma rabia que a ti esta manía de recurrir a términos en inglés para describir situaciones que también sufrimos en nuestro país.

Pero la RAE no está por la labor de actualizarse. Bajo la excusa de «Solo recogemos el uso que se hace de nuestra lengua», la «docta casa» comete todo tipo de tropelías. La primera, esperar casi trescientos años para aceptar a una mujer como académica de número. La Real Academia Española se fundó en 1713 y hasta 1978 no permitió a ninguna mujer ocupar una de sus sillas (Carmen Conde fue la primera afortunada con la letra K).

No hemos avanzado mucho en ese ámbito, ya que a día de hoy, de los treinta directores que han ido sucediéndose en el cargo, los treinta han sido hombres. De los casi quinientos miembros que ha tenido la RAE en tres siglos de historia, solo once han sido mujeres.

Así que no es de extrañar que, con estos antecedentes, el criterio para recoger determinadas palabras y sus usos tenga un marcado sesgo machista.

Para luchar contra la misoginia de la RAE, la cual no solo se ha negado a incluir a mujeres sino que ha tenido a bien pronunciarse al respecto con un «Las señoras no pueden formar parte de este Instituto», nació en 2012 la iniciativa «Golondrinas a la RAE».

Esta es una campaña divulgativa sobre el machismo de la Academia y el material que genera: diccionario, gramática y otros manuales. Desde el otoño de 2012, el escritor Carlos de la Fé y María Martín Barranco, directora de la Escuela Virtual de Empoderamiento Feminista (EveFem) recopilan material, analizan el diccionario, el CORDE, la web oficial y las actividades y artículos personales de sus académicos para analizarlos con perspectiva de género. Con ese material, dos veces al año se dedican a compartirlo en las redes sociales e intentan acceder a la RAE para informar a sus miembros de los resultados y señalarles las contradicciones que existen entre sus declaraciones respecto a la igualdad y al lenguaje inclusivo y la realidad del diccionario y de sus miembros.

MANSPREADING, MANSPLAINING, MANTERRUPTING

Supongo que con esto se justifica suficientemente que tengamos que recurrir a anglicismos como *manspreading*, recogido por el Oxford English Dictionary en 2015.

El término surge de la unión *man*, 'hombre', y *to spread*, 'extenderse'. El *manspreading* empieza con acciones feministas a través de la red Tumblr, en las que cientos de mujeres comienzan a subir fotos de hombres sentados en el transporte público extendiendo las piernas o abriéndolas, de forma que no solo usan el espacio de un asiento destinado para una persona, sino también los colindantes.

Quizás pienses que es una barbaridad que alguien pueda sentarse así, pero lo cierto es que si la próxima vez que vas en transporte público te fijas, no serán solo uno ni dos los que encuentres sentados de esta forma. Puede que incluso te sorprendas a ti mismo ocupando más espacio del que necesitas. El machirulado siempre se excusa con frases como «Es por nuestra anatomía, nosotros tenemos testículos y vosotras no». Y es cierto que nuestra anatomía es diferente, pero ir con las piernas ligeramente separadas no es la cuestión, hablamos de que invadís el espacio de otra persona.

En contraposición, también te darás cuenta de cómo nos sentamos nosotras: piernas cruzadas, echadas a un lado, intentando encajar en el tetris que los hombres formáis.

Y sí, es probable que tú mismo tengas esta forma de ocupar el espacio, ya que no es intencionada sino causada por un sinfín de mensajes que te han dicho, desde niño: que el mundo es tuyo, que estés cómodo, que te sientas como en casa.

A nosotras, sin embargo, nos han inculcado que una señorita no se sienta con las piernas abiertas, se te «pueden ver las bragas» o puedes dar la «impresión equivocada». Nos educan para no molestar, para estar en segunda línea, para adaptarnos a lo que sobre. Y lo que sobra es el espacio que dejáis vosotros cuando os habéis puesto cómodos.

El segundo vértice del triángulo del machirulo es el *mansplaining*, término que surge de unir *man* y *to explain*, 'explicar'. Quizás tampoco te hayas dado cuenta de lo extendida que se halla esta práctica por parte de los hombres, pero te aseguro que lo raro es encontrar a un hombre que no haya caído en ella.

Consiste, ni más ni menos, en la manía que tienen los hombres de explicarles cosas a las mujeres, da igual que ellas sean unas expertas en el tema y ellos no tengan ni idea, eso no les ha parado nunca.

Fue la escritora Rebecca Solnit la que popularizó el término en su ensayo *Los hombres me explican cosas*, y puedes imaginar de qué va.

Los hombres, cargadísimos de confianza en sí mismos y acostumbrados a que su voz esté siempre por encima de la nuestra se atreven, sin pararse a valorar el conocimiento de su interlocutora, a darnos lecciones sobre cualquier tema del que se esté hablando. Es un «No, mira, mona, te lo voy a explicar yo, me da igual si eres una experta en el tema; de hecho, ni me lo planteo, porque por muy experta que seas, yo soy un hombre y, por tanto, tengo mucho que enseñarte». Por supuesto, no lo verbalizan así de claro, porque es una actitud automática, que adoptan sin pensar, pero el tono condescendiente de sus explicaciones y el hecho de que no hayan escuchado lo que tú has dicho previamente evidencian que no les interesa el debate en cuestión, sino dejar claro que tú no les vas a enseñar nada; muy al contrario, eres afortunada porque ya están ellos para instruirte.

Esto nos ha pasado a todas. A mí me han explicado cientos de hombres qué es, en realidad, el feminismo. Me han explicado por qué mi concepción del feminismo es errónea, dónde falla mi argumento y qué tengo que hacer para que la lucha funcione. Por supuesto, no se centran solo en temas feministas; como vegetariana, he tenido que soportar, una y otra vez, que un montón de hombres pusiera en tela de juicio mi decisión sobre cómo alimentarme. Dan por hecho que, como mujer, soy demasiado sensible y razono en base a las emociones, así que mi determinación de no consumir carne viene dada porque me hiere que se maten animales para su consumo, sin pensar en lo malísimo que el vegetarianismo es para la salud, según ellos.

A mayor ignorancia sobre el tema, más ridículo es el *mansplaining*. Sobre nutrición, he sufrido a hombres preguntándome con desdén si sé acaso qué alimentos contienen la vitamina B12, cosa que por supuesto sé y que, por supuesto, tras medio minuto de conversación han demostrado que eran ellos los que no tenían ni idea, ya que daban por hecho que es una vitamina que proviene de la vaca y no de bacterias y hongos.

Me han dicho desde «Menos mal que no tienes hijos a los que alimentar» hasta «Las plantas también sienten». Cualquier cosa con tal de hacerte ver que estás equivocada. Da igual que sea una mujer adulta que está razonando con ellos y dando argumentos irrefutables, da igual que les nombres el cambio climático y cómo la industria cárnica produce casi el veinte por ciento de la contaminación que favorece ese cambio. Da todo igual, porque ellos no son vegetarianos, ergo, algo estás haciendo tú mal. ¿Leer un par de artículos antes de entrar en el debate? No lo necesitan, de hecho es más que probable que te manden a leer a ti, que ya te has informado sobradamente para tomar la decisión.

Los *mansplainers* no se detienen ante nada, su seguridad en sí mismos es tan apabullante que les hace caer una y otra vez en esta práctica tan irritante.

En una ocasión, en Twitter, un usuario «corrigió» el tuit de una mujer sobre *Harry Potter*. Esa mujer era JK Rowling, la autora de la saga. Por cierto, firma como JK en vez de como Joanne porque la editorial sabía que vendería menos si la autora de una saga para adolescentes era una mujer.

Rebecca Solnit, la autora de *Los hombres me explican cosas*, cuenta que un hombre se le acercó en una fiesta diciendo que sabía que ella había escrito «algunos libros»; ella intentó decirle que el último hablaba de Eadweard Muybridge, pero no le dio tiempo, porque el señor, al oír el nombre de Eadweard Muybridge la interrumpió para alardear de sus conocimientos y le preguntó si había «oído hablar del libro sobre Muybridge más importante que había salido este año». Justamente el libro que ella había escrito y del que pretendía hablarle.

Pero no hay que irse tan lejos, yo misma leo cada día en los comentarios de mis artículos correcciones de hombres que me explican lo que he querido decir realmente.

Y

El triángulo del machirulado lo completa el *mante-rrupting*, unión de *man* e *interrupting*. A todas nos han interrumpido al hablar, quizás haya muchas que aún no se hayan dado cuenta porque hemos crecido siendo interrumpidas, pero con la conciencia feminista viene unida la percepción de nuestro papel como inter-locutoras, y ese no es otro que el de ser interrumpidas por ellos.

Nuestra conversación nunca es suficientemente in-teresante, suficientemente correcta o suficientemente inspiradora como para que mantengan la boca cerrada. Quizás estés haciendo memoria de si esta es una prác-tica que sueles detectar en conversaciones con mujeres y no encuentres nada.

De acuerdo. Fíjate a partir de ahora, verás cómo lo haces en mayor o menor medida. Darse cuenta es la clave para dejar de hacerlo: si te hubieras percatado antes probablemente habrías reducido esas interrup-ciones.

Si ni siquiera sabías que esta práctica machista exis-tía, no es porque nunca la hayas ejercido o porque nunca hayas vivido una conversación donde un hombre interrumpe a una mujer, porque eso es del todo imposi-ble si no vives en una aldea de la meseta donde tú eres el único habitante. Significa únicamente que, al igual que nosotras crecemos siendo interrumpidas y lo nor-malizamos, vosotros crecéis interrumpiendo, y os viene bien. Si no nos damos cuenta nosotras a la primera siendo las afectadas, imagina la cuenta que os daréis vo-sotros, cuando vuestra palabra es la ley.

Y

Tú como aliado feminista

Aceptar todos estos aspectos que nos quitan espacios y libertades sin excusas es vital para convertirse en un aliado feminista.

Sería un gran comienzo para convertirte en uno si empezaras a observarte en tu día a día y fueras identificando estas pequeñas prácticas que nos fastidian tanto en el espacio físico como en el espacio verbal.

Y, por favor, no valen excusas como «Despatarrarse en el metro no es machismo, es mala educación», básicamente porque el machismo no es más que eso: una mala educación, pero una educación que solo se dirige a vosotros. No tendría sentido decir que esos hombres no son machistas sino maleducados. ¿Qué sentido tendría decir que es una cuestión de decoro si son solo los hombres los que se despatarran en los espacios públicos? ¿Nos han educado a las mujeres en internados suizos o qué? Parece obvio que no.

Tampoco te recomiendo excusas del tipo: «Yo una vez vi a una mujer despatarrada en la línea 3 de metro». Esto sería, para que te hagas una idea, caer en el «Yo conozco a una mujer que puso una denuncia por malos tratos falsa», y a estas alturas ya deberíamos haber dejado atrás este tipo de reflexiones.

Parafraseando a Lenin, se pueden encontrar ejemplos sueltos que confirmen cualquier teoría; lo importante es mirar el conjunto y hallar la tendencia. Y la tendencia es que tanto las denuncias falsas como las mujeres que se sientan ocupando dos asientos en el transporte son rara avis, y todos lo sabemos.

De las primeras tenemos hasta cifras oficiales de la Fiscalía: un 0,01 por ciento del total de denuncias por violencia de género contra mujeres son falsas, muchas menos que las denuncias falsas de cualquier delito. Es curioso que, siendo un delito con ese porcentaje tan bajo, sea el primero en el que pensemos cuando oímos «denuncias falsas». Claro que no es ninguna curiosidad, es simplemente el argumento más extendido del machismo, que pretende con él crear confusión sobre la violencia de género o sobre la oportunidad y la justicia de la Ley Integral de Violencia de Género.

Paso 8

Fase: nueva etapa vital

«Y ¿cuál es mi papel dentro del feminismo?»

*S*i has llegado hasta aquí, quizás te preguntes cuál es tu papel dentro del feminismo. Teniendo en cuenta que hemos establecido el deseo expreso de que no lideréis la lucha, de que el machismo y la misoginia interiorizados muchas veces lo son de manera tan sutil e invisible que es imposible verlos y de que en ningún momento hablamos siquiera de vosotros como feministas, sino como «aliados del feminismo», no sería raro que te hicieras esta pregunta.

TU ESPACIO Y NUESTRO ESPACIO

Kelley Temple, una activista feminista del Reino Unido, resolvió en su cuenta de Twitter y con una sola frase este conflicto: «Los hombres que quieren ser feministas no necesitan que se les dé un espacio en el feminismo. Necesitan coger el espacio que tienen en la sociedad y hacerlo feminista».

Temple resumió perfectamente el papel del aliado. Pero, sin embargo, no es tan fácil como eso, ya que para hacer feminista tu espacio, primero has de interiorizar tú el feminismo. Y esto pasa, inevitablemente, por hacer mucha autocrítica y analizar tus actitudes diarias sin miedo o rabia a caer en ellas.

Tendrás muchas dudas a lo largo del camino, yo también las tengo a veces, aunque cada vez menos, quizás porque llevo más tiempo en el proceso. Para resolver las dudas que te vayan surgiendo sobre si una actitud, expresión o comportamiento determinado es machista, lo mejor que puedes hacer es preguntar a mujeres feministas. Y lo más difícil de todo: escuchar la respuesta sin ponerte a la defensiva, sin creer que te están atacando, sin dar por hecho que te están diciendo que lo que planteas es efectivamente machista solo para hacerte sentir mal y quedar por encima de ti.

Debe de ser muy nuevo eso de tener que recurrir a mujeres para que te resuelvan dudas cuando antes tenían el papel de secundarias en cualquier conversación y hasta ni se les permitía acabar su exposición. Pero todos estos siglos de invisibilización, ninguneo y condescendencia hacen que ahora los que no queréis seguir aumentando esa rueda (y ya te incluyo porque soy así de optimista) nos escuchéis y consultéis para poneros al día sobre qué hemos estado necesitando y reclamando todo este tiempo, generación tras generación.

Las gafas violetas

«Ponerse las gafas violetas» es una expresión que acuñó Gemma Lienas en su libro *El diario violeta de Carlota*. En él, Lienas usa la metáfora de las gafas violetas para referirse a cómo cambia tu mirada una vez te has sumergido en el feminismo.

Porque una vez que te pones las gafas violetas, empiezas «a ver machismo por todas partes». Y sí, claro, si lo vemos es porque lo hay.

Realmente creo que no es tanto ponerse las gafas violetas como reencontrarlas, ya que nacemos sin prejuicios de ningún tipo y se van forjando a lo largo de nuestra vida. No nacemos racistas, machistas o clasistas, nos hacemos. Ponerte las gafas violetas es volver a ver el mundo con aquellos ojos de niñas y niños que nos fueron vendando, pero con el raciocinio que nos da la madurez.

Para un hombre blanco heterosexual criado en una familia conservadora y machista será más difícil el ejercicio de encontrarlas de nuevo, ya que los mensajes que ha recibido son muchos más que los recibidos por una niña en un entorno feminista, pero no es imposible.

FACTOR RECHINAMIENTO

También está el factor rechinamiento. No lo busques en Google, me acabo de inventar este factor, pero te lo explico.

A lo largo de la vida, sobre todo nosotras, hemos experimentado muchas, muchísimas veces una sensación que, al verbalizarla, equivale a algo como «me rechina». Son experiencias de opresión que hemos normalizado pero que, aun así, sin sabernos explicar por qué, contenían algo que no nos cuadraba. Por ejemplo, la cantidad de veces que nos han dicho «bonita» por la calle, proveniente de un señor que a todas luces quería solo agradarnos o alegrarnos el día. Y sin embargo, aunque sonrieras, algo en ti decía: ¿Por qué me hace sentir mal?

Con la conciencia feminista puedes analizar que esos piropos solo van en una dirección, de vosotros a nosotras. Y también empiezas a reflexionar sobre el hecho de que un desconocido siempre tenga la libertad de dirigirse a ti para valorar tu físico, del cual, por cierto, tú no tienes ningún mérito. Piensas en que, por un lado, te hace sentirte invadida pero, a la vez, alegre, porque te acaban de confirmar que encajas en los cánones que nos han impuesto. Es un «Aprobada, puedes continuar». Lo que antes solo te rechinaba y eras incapaz de rebatir porque sentías que eras una desagradecida, poco a poco se convierte en el deseo de que ningún desconocido vuelva a dirigirse a ti para eso.

En mi caso, me ha rechinado siempre todo lo relacionado con el humor. He comprobado año tras año cómo mi humor no era bien recibido por muchos hombres. No se me permitía transgredir, ser demasiado aguda o hacer observaciones irónicas o sarcásticas. El sarcasmo es patrimonio vuestro, al parecer. Una mujer sarcástica es una amenaza.

Como decía Margaret Atwood: «Los hombres tienen miedo de que las mujeres se rían de ellos. Las mujeres tienen miedo de que los hombres las asesinen».

Obviamente, nuestros miedos son muy diferentes. Las mujeres no solemos tener miedo a que un hombre nos supere intelectualmente, nos han enseñado que esa batalla ni siquiera la podemos librar. Sin embargo, sí nos han enseñado a saber cuándo parar para no enfadar «demasiado» a un hombre, incluso si es nuestra pareja, o quizás debería decir «especialmente» si es nuestra pareja. Porque intrínsecamente sabemos cómo podemos acabar en un escenario así.

Nos dicen que debemos ser las prudentes, las comedidas y las sumisas, y con este mensaje interiorizas también que si no consigues calmar las aguas o si, peor, las embraveces, la culpa de las consecuencias es solo tuya. Porque lo vuestro es instinto incontrolable y lo nuestro es cálculo y frialdad. Vosotros no podéis hacer nada contra vuestro «instinto», pero nosotras sí. Somos las pacificadoras y las mediadoras en los conflictos, y si fallamos y nos comportamos de forma beligerante, hemos fallado, porque ese comportamiento está destinado solo para vosotros.

Pero volvamos al factor rechinamiento. El primer rechinar que recuerdo fue siendo niña, cuando en el colegio nos enseñaron a buscar palabras en el diccionario y cómo había que guiarse por el orden alfabético de la primera letra, de la segunda, de la tercera de cada palabra. Todo estaba perfectamente pensado para que todas las palabras existentes en nuestro idioma ocuparan un lugar exacto en el diccionario, ni antes ni después. Un sistema que me parecía una maravilla por lo preciso y por lo justo. Pero entonces me di cuenta de que algo me chirriaba y le pregunté a mi maestra: «¿Por qué "negrero" va antes que "negra"? ¿Por qué "negra" aparece más abajo y, además, después de "negro", como "negro, -a"?».

La maestra me miró dudosa. Quizás no se lo hubiera planteado o quizás intentaba buscar una respuesta que no me cabreara. No lo sé. No recuerdo cuál fue su respuesta exacta, pero sí recuerdo que me habló de «generalizar», palabra que yo desconocía. Así que acabé por preguntarle a mi padre. Es curioso cómo, sin darte cuenta, acabas preguntando tus dudas a quien crees que, sin saber por qué, te dará una respuesta sin prejuicios en determinados temas, incluso siendo una niña.

Obviamente yo ni siquiera me había planteado que pudiera ser una cuestión de género, por lo que lo consideré un simple error. Aún era demasiado pequeña para ver cómo el propio lenguaje nos anula, cómo de forma sibilina desde pequeñas nos enseñan que lo femenino no es tan importante como lo masculino y que debe ir detrás.

Mi padre me sacó de dudas: «Ponen el masculino antes que el femenino aunque alfabéticamente vaya detrás porque es el género que se usa para englobarlo todo. Por eso cuando dicen "el hombre en la historia" o "el hombre y la civilización", se refieren a hombres y mujeres, pero cuando hablamos de "la mujer" nos referimos solo a ellas. Y como esto, vas a encontrar muchas cosas más, como por ejemplo que la infanta Elena, a pesar de ser mayor que el príncipe Felipe, nunca reinará por ser mujer, y reinará Felipe porque es hombre».

Esta respuesta sí se me quedó grabada a fuego. ¿Cómo podía ser? Pero ¿en qué se basaban todas esas leyes absurdas? No tenían ningún tipo de lógica.

Pues cada mujer podrá contarte mil experiencias de rechinamiento a lo largo de su vida. Muchas encontrarían la respuesta rápidamente si preguntaban a la persona correcta, o si tenían acceso a ella. Pero la mayoría, por la escasa conciencia feminista que tiene nuestra sociedad, se quedará con: «Porque se generaliza. Punto. Prosigan. Aquí no hay nada que ver».

¡LA SUPREMACÍA DE LA MUJER!

El papel del aliado dentro del feminismo es no dejar que explicaciones superficiales nos dejen confusos con respecto a cuestiones de género. No comulgar con lo que opine la mayoría, no dejar el análisis en manos de lo establecido. Es ahondar e ir más allá, y siempre compartiendo tus reflexiones con otras feministas, que te hagan ampliar más tu punto de vista, o te corrijan u orienten cuando andes perdido.

De verdad, las feministas somos felices de contar con el apoyo de hombres libres de prejuicios o dispuestos a no tomarse ningún debate como algo personal o como un ataque gratuito hacia ellos por su género.

Simplemente estamos un poco saturadas del «Perdóname por tener pene», del «Sí, claro, como soy hombre, mi opinión no cuenta», del «Nos excluís porque somos hombres», del…

Como aliado, has de hacer pedagogía con otros hombres, no con mujeres. Puedes llevar nuestra lucha allí donde nosotras no llegamos, allí donde no se nos escucha porque la palabra «feminista» significa 'odiadora de hombres'. A tus amigos, a tu lugar de trabajo, adonde sea, menos dentro del propio feminismo: aquí ya sabemos qué queremos y cómo luchar, no necesitamos consejos condescendientes por parte del sector opresor, necesitamos que el opresor instruya a otros opresores. Vuestra lucha consiste en dinamitar el machismo en vuestros espacios, y lograrlo es vuestra victoria como aliados.

Y como aliado, has de entender que no por serlo dejas de ser opresor, porque hay privilegios de los que nunca podrás deshacerte mientras el sistema siga siendo patriarcal, como por ejemplo, no tener miedo cada noche cuando vas solo del metro a casa por si un extraño se propasa contigo, por si te violan en el portal. Privilegios como cobrar más por ser hombre, como que nadie espere de ti que seas un padrazo sino que, si te da por serlo, se convierta en motivo de halago. Privilegios como que si ganas unos kilos lo llamarán la «curvita de la felicidad», privilegios como poder envejecer y convertirte en un «maduro sexi», como poder lucir tus canas como sinónimo de experiencia y madurez, sin tener que esconderlas hasta sus raíces por miedo a convertirte en alguien invisible en la sociedad. Privilegios como que tu pareja no abuse de ti físicamente, ni te acabe matando.

Hay muchos privilegios, sin embargo, de los que sí podrás deshacerte: ceder espacios, involucrarte en tareas destinadas para nosotras (como las domésticas o la de los cuidados), dejar de mantener silencio ante abusos de poder, tomar parte cuando alguien cercano diga o haga algo que consideres machista, y muchas otras.

Esta nueva etapa vital te costará alguna que otra discusión pero, si haces una verdadera inmersión en el feminismo, preferirás perder el privilegio que supone que actitudes así no te afecten y, por lo tanto, pasar de puntillas por ellas. Porque sabrás que mantener silencio o hacer como si no lo hubieras vivido no supondrá que estés teniendo un comportamiento inocuo sino que estarás siendo cómplice del opresor.

Ponerse las gafas violetas siendo hombre supone que acabes tomándote como algo personal la sexualización de la mujer, la cosificación de sus cuerpos, la misoginia imperante y hasta los ataques al feminismo.

Y llegados a este punto no habrá marcha atrás, serás un orgulloso feminazi odiahombres que busca la supremacía de la mujer (guiño, guiño).

Bibliografía

ATWOOD, Margaret, *La maldición de Eva*, Barcelona, Lumen, 2006.

BEAUVOIR, Simone de, *Pour une morale de l'ambiguïté*, París, Gallimard, 1947. [Hay trad. cast.: *Para una moral de la ambigüedad*, Buenos Aires, Schapire, 1956].

DAVIS, Angela Yvonne, *Mujeres, raza y clase*, Madrid, Akal, 2004.

——, *The Meaning of Freedom, and Other Difficult Dialogues*, San Francisco, City Lights Books, 2012, p. 122.

FEDERICI, Silvia, *Calibán y la bruja. Mujeres, cuerpo y acumulación originaria*, Madrid, Traficantes de Sueños, 2010.

GERVÁS, Juan, y Mercedes PÉREZ-FERNÁNDEZ, *El encarnizamiento médico con las mujeres*, Barcelona, Los Libros del Lince, 2016.

LAGARDE y de los Ríos, Marcela, «Pacto entre mujeres. Sororidad», ponencia, Madrid, 10 de octubre de 2016. Publicada en <www.celem.org> (Coordinadora Española para el Lobby Europeo de Mujeres).

LIENAS, Gemma, *El diario violeta de Carlota*, Barcelona, El Aleph, 2007.

MIGUEL, Ana de, «Introducción» a la antología de Flora TRISTÁN *Feminismo y socialismo*, Ana de Miguel y

Rosalía Romero (eds.), Madrid, Los Libros de la Catarata, 2003.

MORAN, Caitlin, *Cómo ser mujer*, Barcelona, Anagrama, 2013.

PATEMAN, Carole, *El contrato sexual*, Barcelona, Anthropos, 1995.

SOLNIT, Rebecca, *Los hombres me explican cosas*, Madrid, Capitán Swing, 2016.

TRISTÁN, Flora, *Unión obrera* (1843), Barcelona, De Barris, 2005.

VALCÁRCEL, Amelia, *Feminismo en el mundo global*, Madrid, Cátedra, 2008.

VARELA, Nuria, *Feminismo para principiantes*, Barcelona, Ediciones B, 2005.

WOLLSTONECRAFT, Mary, *Vindicación de los derechos de la mujer*, Madrid, Akal, 2014.

WOLF, Naomi, *The beauty myth* (1962). [Hay trad. cast.: *El mito de la belleza*, Barcelona, Salamandra, 1992].

WOOLF, Virginia, *Una habitación propia* (1929), Madrid, Alianza, 2012.

Este libro utiliza el tipo Aldus, que toma su nombre
del vanguardista impresor del Renacimiento
italiano Aldus Manutius. Hermann Zapf
diseñó el tipo Aldus para la imprenta
Stempel en 1954, como una réplica
más ligera y elegante del
popular tipo
Palatino

* * *

* *

*

Machismo
se acabó de imprimir
un día de invierno de 2017,
en los talleres gráficos de Liberdúplex, s.l.u.
Crta. BV-2249, km 7,4, Pol. Ind. Torrentfondo
Sant Llorenç d'Hortons (Barcelona)

* * *

* *

*